GUIDANCE ON
MEDICAL LEGAL DIFFICULTIES
IN THE NEW SITUATION

新形势下
医疗法律难点指引

童云洪　张宝珠　刘炫麟◎主编

法律出版社 | LAW PRESS
北京

图书在版编目(CIP)数据

新形势下医疗法律难点指引 / 童云洪，张宝珠，刘炫麟主编. -- 北京 : 法律出版社，2023
ISBN 978-7-5197-7981-8

Ⅰ. ①新… Ⅱ. ①童… ②张… ③刘… Ⅲ. ①卫生法-研究-中国 Ⅳ. ①D922.164

中国国家版本馆 CIP 数据核字(2023)第 101840 号

新形势下医疗法律难点指引
XIN XINGSHI XIA YILIAO FALÜ NANDIAN ZHIYIN

童云洪　张宝珠　刘炫麟 主编

责任编辑 陶玉霞
装帧设计 鲍龙卉

出版发行 法律出版社
编辑统筹 法规出版分社
责任校对 张红蕊
责任印制 耿润瑜
经　　销 新华书店

开本 710 毫米×1000 毫米　1/16
印张 14.5　**字数** 170 千
版本 2023 年 9 月第 1 版
印次 2023 年 9 月第 1 次印刷
印刷 固安华明印业有限公司

地址:北京市丰台区莲花池西里 7 号(100073)
网址:www.lawpress.com.cn
投稿邮箱:info@lawpress.com.cn
举报盗版邮箱:jbwq@lawpress.com.cn

销售电话:010-83938349
客服电话:010-83938350
咨询电话:010-63939796

书号:ISBN 978-7-5197-7981-8　**定价**:68.00 元
凡购买本社图书,如有印装错误,我社负责退换。电话:010-83938349

致　谢

中国医院协会医疗法制专业委员会

中国研究型医院学会医药法律专业委员会

北京市华卫律师事务所

本书编委会

主编 童云洪 张宝珠 刘炫麟

编委（按照姓氏笔画排序）：

丁宗烽 中南大学湘雅医院

于　宏 广州市第一人民医院

王　勇 北京急救中心

王雨竹 北京急救中心

仇永贵 南通大学附属医院

邓利强 中国医院协会医疗法制专业委员会

邓明攀 北京大成（成都）律师事务所

石　悦 大连医科大学

叶大炜 浙江大学医学院附属邵逸夫医院

白　松 北京市第二中级人民法院

乐　虹 华中科技大学

庄立君 北京医学会

刘　宇 北京卫生法学会

刘　凯 中国医师协会维权委员会

刘　鑫 中国政法大学

刘立飞 北京市医院管理中心

刘兰秋 首都医科大学

刘永梅　山东第一医科大学第一附属医院
刘福爽　北京市华卫律师事务所
许学敏　首都医科大学附属北京安贞医院
孙俊楠　中国研究型医院学会医药法律专业委员会
纪　磊　中国研究型医院学会医药法律专业委员会
李国红　中华医学会
李欣慧　首都医科大学附属北京中医医院
李富娟　北京市华卫律师事务所
邹　健　湖南中医药大学
张　可　黔南州中级人民法院
陈　伟　首都医科大学附属北京口腔医院
林　涛　北京市西城区人民法院
林　锐　郑州大学第一附属医院
岳　靓　北京市华卫律师事务所
郑秋实　北京大学肿瘤医院
郑雪倩　中国卫生法学会
赵　帆　石家庄市妇产医院
赵　波　北京市华卫律师事务所
赵丽俊　北京回龙观医院
郝　卓　北京市朝阳区人民法院
聂　学　中国卫生法学会
殷　琦　柳州市工人医院
曹艳林　中国医学科学院医学信息研究所
庹　琳　北京大学医学部
彭　华　中国医学科学院北京协和医院

董来东　山东大学齐鲁医院

程雪莲　重庆市卫生健康委员会

睢素利　北京协和医学院

樊　荣　北京清华长庚医院

潘　勇　北京浩天（沈阳）律师事务所

霍增辉　北京中医药大学

魏亮瑜　北京医院

序　言

随着中共中央、国务院《“健康中国2030”规划纲要》的出台，近年来，国家颁布了《医师法》《基本医疗卫生与健康促进法》《医疗纠纷预防和处理条例》等多部医疗卫生法律法规。2021年《民法典》的施行对医疗卫生行业也提出了新的要求，尤其是“人格权”单独成编，使以生命权、身体权、健康权为核心的人格权越来越受到法律保护，同时针对医疗方面的问题也进行了具体规定。2022年10月召开的党的二十大也指出，要把保障人民健康放在优先发展的战略位置。

在这种新的形势下，医疗临床中的法律要求以及纠纷的处理呈现出一种新的态势，医疗卫生行业尤其是一线临床工作人员需要正确理解和把握。但是临床实践问题复杂多样，相关法律也不可能面面俱到，很多医务人员在工作中仍存在诸多困惑。如何理解医疗领域相关法律问题，对医疗实践具有重大的指导意义。

在《医疗纠纷预防和处理条例》颁布5周年之际，我们组织编写了本部著作。鉴于医疗与法律的专业性较强，本书梳理了医疗临床实践中经常遇到的40余个有代表性的疑难法律问题，集50余位国内知名的卫生行政管理、医疗卫生法学、医疗管理、法律实务等领域专家的智慧，结合目前临床实践和法律实务情况，对相关医疗卫生法学理论深入浅出地进行分析，用通俗的语言解释相关法律问题并提出预防和处理等建议，既便于医务人员落实到临床具体工作中，也可为患者解决疑难纠纷提供帮助，以更好地维护医患双方的合法权益、减少医疗纠纷、倡导医患和谐。

本书的编写得到了业界同仁们的大力支持，在此表示衷心的感谢！由于医疗中某些相关法律问题尚存在争议，加之时间仓促、水平有限，书中难免有不当之处，也请读者批评指正。

本书编委会

2023 年 7 月

目　录

第一章

医疗诊疗义务

第二章

急救医疗行为

第三章 医疗说明义务

第六章 医疗新技术和科研、临床试验

第七章 其他问题

第一章

医疗诊疗义务

问题 01　医疗行为符合诊疗规范，就不存在医疗过错吗？

一、法律评价医疗过错的标准

法理上，构成医疗损害责任需同时具备四个要件：医疗机构或者医务人员对患者实施了医疗行为、医疗行为存在过错、患者有损害结果、过错医疗行为与损害结果之间存在因果关系。其中，医疗行为是否存在过错是评判医疗损害责任的核心要件。对此，我国《民法典》第1222条第1项规定：“患者在诊疗活动中受到损害，有下列情形之一的，推定医疗机构有过错：（一）违反法律、行政法规、规章以及其他有关诊疗规范的规定”。同时，《民法典》第1221条规定：“医务人员在诊疗活动中未尽到与当时的医疗水平相应的诊疗义务，造成患者损害的，医疗机构应当承担赔偿责任。”因此，《民法典》规定的评价医疗过错的标准是“法律、行政法规、规章以及其他有关诊疗规范”和“尽到与当时的医疗水平相应的诊疗义务”，该两种标准到底是什么关系以及在实践中如何处理？

二、相关案例

孕妇李某因单绒毛膜双羊膜囊单卵双胎在某医院待产，人工破膜后医院虽然按规范每半小时听胎心，但在前后听胎心的间隔期间，产妇出现胎盘早剥、胎儿宫内窘迫时，医院没有及时发现和处理，娩出双胞胎时间偏长，鉴定认定医院存在医疗过错。①

该案中，医师虽按照医疗规范要求的时间听胎心，但仍被认为存在医疗过错，故医疗行为符合“法律、行政法规、规章以及其他有关诊疗规范”并不简单地等同于“尽到与当时的医疗水平相应的诊疗义务”。

三、行政违规与民事过错的关系

我国《民法典》规定的“尽到与当时的医疗水平相应的诊疗义务”体现了侵权责任法上的重要概念，即注意义务。② 法理上，这种注意义务包括预见义务和防范义务，如果未尽到这些义务，那么将认为构成民事上的过失，这种过失与故意合称为“过错”。

如果医务人员违反法律、行政法规、规章以及诊疗规范，那么将会构成行政违规，如果相关法律法规对此有处罚规定，那么违反者将会受到行政部门的行政处罚，如责令改正、警告、暂停执业、吊销医师执业证书等。

我国《民法典》第1222条规定，如果患者在诊疗活动中受到损害，医疗机构或医务人员违反法律、行政法规、规章以及其他有关诊疗规范的规定，那么推定医疗机构有过错。因此，若医疗行为构成行政违规或违反诊疗规范，患者因此受到损害，则民事上将该行政违规行为推定为存在民事过错，并认定构成民事侵权。在这种情况下，违反法律、行政法规、规章以及其他有关诊疗规范既属于行政违规，也构成民事过错。

---

① 参见北京市第一中级人民法院民事判决书，（2020）京01民终8334号。

② 参见黄薇主编：《中华人民共和国民法典释义》（下），法律出版社2020年版，第2366页。

但是，如果医疗行为违反的法律、行政法规、规章以及诊疗规范仅属于管理性规范，并非以保护患者民事权益免受侵害为目的，该行政违规行为与患者的损害结果并无因果关系，则不能简单推定医院存在民事过错。在此情况下，行政违规行为只是违反了行政管理的相关规定，但并不存在民事注意义务上的“预见不足”或“防范不足”，不一定构成民事过错，而且即便推定为民事过错，由于其与损害后果之间没有因果关系，所以并不存在民事侵权，这种定性也没有法律意义和价值。

实践中，有些技术问题并没有明确规定或规定得比较笼统、原则化，或实践中要根据具体情况进行针对性处理，故有的医疗行为虽然没有明确违反相关法律法规及诊疗规范，但是如医务人员对患者的诊治并没有尽到民事上的预见义务和防范义务，那么仍有可能存在民事过错，前述案例即说明了这一点。在此种情况下，虽然没有明确的行政违规或违反诊疗规范，但没有尽到民事法律要求的注意义务，同样会存在民事上的过错。

四、医疗过错的评价

根据法理和法律规定，判断医疗行为是否存在过错，应当根据医务人员“是否尽到与当时的医疗水平相应的诊疗义务”进行评价。但是，该民事注意义务的标准比较主观，对法官和鉴定专家而言自由评判权较大，同时医学属于探索性、不可预见性和风险性的科学，医学上也不能以治疗效果或事后最终结局来推定事前的医疗行为存在预见和防范的不足。

因此，司法实践中为了统一评价尺度，往往会以法律法规和医疗规范以及常规作为评价医疗过错的标准，故仍需以“法律、行政法规、规章以及其他有关诊疗规范”等刚性标准来判断医疗行为“是否尽到与当时的医疗水平相应的诊疗义务”。对此，《医疗事故处理条例》第2条规定的“医疗卫生管理法律、行政法规、部门规章和诊疗护理规范、常规”，《最高人民法院关于审理医疗损害责任纠纷案件适用法律若干问题的解释》第16条规定的“对医疗机构或者其医务人员的过错，应当依据法律、行政法规、规章以及其他有关诊疗规范进行认定”，均体现了法律法规和诊疗规范是评价医疗过错的基础性标准。

虽然法律法规和诊疗规范是评价医疗过错的标准，但在适用法律法规和诊疗规范评价医疗行为时，还应考虑这些法律法规、规范与民事过错的关联性，要考察这些规范是否以保护患者民事权益为目的，还要考虑医疗行为是否尽到民事法律上的合理注意义务，避免简单机械地套用。同时，评价是否存在医疗过错时，还要结合患者病情、当时实际情况、相关客观条件等要素，对此《最高人民法院关于审理医疗损害责任纠纷案件适用法律若干问题的解释》第16条也规定“综合考虑患者病情的紧急程度、患者个体差异、当地的医疗水平、医疗机构与医务人员资质等因素”，故评价医疗过错时，还应坚持具体问题具体分析的原则。

五、对医务人员的建议

首先，医务人员在诊疗活动中应按规范行医，遵守法律、行政法规、规章以及诊疗规范，完成规范要求的“规定动作”。对此，我国《医师法》第23条第2项明确要求医师“遵循临床诊疗指南，遵守临床技术操作规范和医学伦理规范等”。

其次，医务人员务必熟悉医疗法律法规及规范，尤其是要及时学习最新的医疗规范，更新相关医学知识，提高自身诊疗水平。因此，医师应定期参加各种培训，学习相关知识。《医师法》一方面赋予医师“参加专业培训，接受继续医学教育”的权利；另一方面也要求医师“努力钻研业务，更新知识，提高医学专业技术能力和水平，提升医疗卫生服务质量”。

再次，医务人员应关注患者的病情，考虑不同患者的差别，因病施治，不能简单流于诊疗规范的程序要求，按照规范“模板化”“流程化”诊治，而要贯彻个体化诊治的原则“因病施治”，要结合病人的特殊情况和实际问题，对病人尽到充分预见和防范等注意义务。

最后，医务人员不仅需按规范完成相关的问诊、检查、诊断和治疗等医疗行为，而且要深究病情出现及变化原因，及时发现问题，正确分析问题，妥善处理问题。坚持问题导向，根据患者的情况，多问几个“为什么”，及时预见和考虑患者可能出现的相关病情隐患，主动防范相关风险，积极处理和解决患者的问题，真正尽到我国《民法典》规定的“与当时的医疗水平相应的诊疗义务”。

问题 02 如何理解“与当时的医疗水平相应的诊疗义务”?

一、“与当时的医疗水平相应的诊疗义务”的认定方式

我国《民法典》第 1221 条规定:“医务人员在诊疗活动中未尽到与当时的医疗水平相应的诊疗义务,造成患者损害的,医疗机构应当承担赔偿责任。”这是关于诊疗义务判断标准的规定。这一条款明确规定,认定诊疗过错要以“当时的医疗水平”作为判断标准。

然而,对此的理解不仅要考虑医疗水平的时限性,还要考虑我国地区间发展不平衡的差别,以及不同级别、专科的医疗机构以及医务人员的水平差异。同时,要考察不同专科医师以及其与全科医生之间对疾病的认识能力的差距,在认定医师是否违反诊疗义务时,专科医师和全科医生应采用不同的要求进行。另外,在理解“当时的医疗水平”的含义时,还需要考虑患者就诊当时客观条件对医务人员认识能力的限制,以及医学的局限性、探索性、风险性对疾病认识过程的影响。因此,“一刀切”地采用完全一样的标准认定不同地区、不同资质级别、不同专业医务人员的诊疗过错显然有失公允。在认定医务人员是否违反诊疗义务时,应当考虑当事医疗机构的客观条件及其医务人员的平均水平,根据其实施医疗行为时所处的特定地域条件的医疗水准来进行判断。

在司法实践中,认定“当时的医疗水平”是否考虑医疗机构和医务人员资质及地区差异,存在两种截然不同的观点。一种观

点认为，应当考虑上述因素，这样比较符合客观实际；另一种观点则认为，应当采用同一标准，不应考虑上述因素，以统一法律适用，体现对当事人人身、财产权利的平等保护。为指导医疗纠纷审判实践，统一法律适用，《最高人民法院关于审理医疗损害责任纠纷案件适用法律若干问题的解释》对相关问题进行了规范，该司法解释最终采纳了第一种观点，其中该司法解释第 16 条明确规定："对医疗机构或者其医务人员的过错，应当依据法律、行政法规、规章以及其他有关诊疗规范进行认定，可以综合考虑患者病情的紧急程度、患者个体差异、当地的医疗水平、医疗机构与医务人员资质等因素。"因此，有关诊疗过错的认定，首先要依据"当时的医疗水平"判断，即仍需依照法律、行政法规、规章以及其他有关诊疗规范进行认定，但有关"当时的医疗水平"的判断抑或"诊疗过错"的认定问题，则需考虑时间性和地域性以及条件的差异性，这不仅符合我国国情，符合当前学界共识，符合当前我国审判实务做法，也符合《民法典》的立法本意。

二、适用《民法典》第 1221 条时需要注意的问题

一是要正确认识上述地区差异以及医疗机构资质等因素在认定诊疗过错中的作用。考虑这些因素的前提是要依据相关诊疗规范，即有关法律法规以及诊疗规范的规定是认定诊疗过错的基础，上述这些因素仅属于适当考虑或者综合参考的范畴，以切实避免司法自由裁量权过大，影响裁判尺度的统一。而且当有关医事法律法规、诊疗规范中已经融入这些因素作为判断医疗水准的具体

标准时，直接适用这些法律法规、规范即可。[①]

二是本条规定所确立的规则对于医疗损害责任鉴定中的过错评价具有指引和参考适用作用。由于诊疗行为的专业性、复杂性等，对于诊疗过错技术问题进行认定，往往需要通过委托医学会或者司法鉴定机构进行医疗损害责任鉴定来解决。鉴定程序中对于诊疗过错的认定和法院裁判案件时对诊疗过错的最终认定具有共通性，鉴定人对诊疗过错进行鉴定时，也可以将本条规定作为指引，即在依据有关医事法律法规、诊疗规范对诊疗过错进行认定时，也要综合考虑当地的医疗水平、医疗机构与医务人员资质、患者病情的紧急程度、患者个体差异等因素。[②]

三是医务人员在执业过程中仍应严格按照相关法律法规、医疗规范和常规执行，尽管在评价诊疗过错时会考虑相关因素，但仍以诊疗规范作为评价医疗过错的标准，而且很多诊疗规范中也已考虑到不同条件下的医疗行为的选择和实施，所以医务人员仍需熟练掌握相关诊疗规范和常规，方能避免医疗过错出现，如确实受客观条件、地域和等级差异或者其他情况的限制，那么应当在病历中做好记录和说明，同时与患者及时沟通，并建议患者在条件允许的情况下转诊治疗。

---

① 参见最高人民法院民法典贯彻实施工作领导小组主编：《中华人民共和国民法典侵权责任编理解与适用》，人民法院出版社 2020 年版，第 457 页。

② 参见最高人民法院民法典贯彻实施工作领导小组主编：《中华人民共和国民法典侵权责任编理解与适用》，人民法院出版社 2020 年版，第 457 页。

问题 03　“诊疗规范”包括哪些？内容存在冲突怎么办？

我国《民法典》第 1222 条第 1 项规定，患者在诊疗活动中受到损害，有违反法律、行政法规、规章以及其他有关诊疗规范的规定情形的，推定医疗机构有过错。对此，该“法律、行政法规、规章以及其他有关诊疗规范”包括哪些？

一、相关案例

患者杨某因再发脑梗死、高血压病入某医院治疗，医院予以静点右旋糖酐 40 葡萄糖注射液时出现过敏性休克，虽然该院辩称国家《药典》记载该药适应症包括血栓性疾病如脑血栓形成等，但法院审理后认为，该药的药品说明书载明“适应症”主要为急性出血以及外科低血容量性休克，医院使用该药时并没有适应症，违反《处方管理办法》第 14 条第 1 款规定，最后认定被告某医院对原告杨某的诊疗行为具有过错。因此，在实践中相关的诊疗规范可能出现不一致，此时应当如何正确理解和适用这些法律法规和规范以及解决他们之间的差异或矛盾？

二、法律、行政法规、规章以及其他有关诊疗规范

（一）法律

涉及医疗损害责任案件常用的法律有《民法典》《基本医疗卫生与健康促进法》《中医药法》《医师法》《药品管理法》等。

（二）行政法规

行政法规是指国务院根据宪法和法律制定的规范性文件，涉及医疗纠纷的常用的卫生行政法规有《医疗事故处理条例》《医疗纠纷预防和处理条例》《医疗机构管理条例》《护士条例》等。

（三）规章

包括：（1）国务院各部、委等部门或机构制定的在全国适用的规范性文件，如《医疗机构管理条例实施细则》《医疗质量管理办法》等；（2）各省、自治区、直辖市和设区的市、自治州的人民政府制定的规范性文件，如《浙江省医疗机构药品和医疗器械使用监督管理办法》等。

需要说明的是，地方性法规、自治条例和单行条例，如《云南省医疗机构管理条例》《深圳经济特区中医药条例》等，其中规范诊疗行为的内容也属于评价当地医疗机构存在“过错”的法律依据。

（四）诊疗规范

由于规范医疗机构和医务人员的文件较多，名称也不统一，《民法典》第 1222 条第 1 项所用的“有关诊疗规范”，虽然与《医师法》中的“临床诊疗指南、临床技术操作规范”，《医疗纠纷预防和处理条例》中的“诊疗相关规范、常规”，《医疗事故处理条例》中的“诊疗护理规范、常规”，《医疗机构管理条例》中的“医疗技术规范”等用词有所不同，但表达的意思应当涵盖上述表述，即“有关诊疗规范”应当是用于指导、规范诊疗行为的各种标准、规程、规范、制度的统称，而不拘泥于文件的名称。目前诸多“规范”数量多且命名不一，既有技术性的，也有行政管理性的，组织实施及发布的单位也各不相同，常见的有：（1）行政部门组织制定并颁布的诊疗规范，如国家卫生健康委员会颁布的《原发性肝癌诊疗指南（2022 年版）》、江苏省卫生厅发布的《江苏省抗菌药物临床应用管理规范》等；（2）行政部门授权行业学（协）会制定的规范，如中华医学会编写的《临床技术操作规范》《临床诊疗指南》等；（3）高校教材和行业内公认的经典学术著作，如《黄家驷外科学》；（4）医疗机构制定的本机构医务人员进行医疗、药事、护理、检验、医技诊断治疗及医用物品供应等各项工作时应遵循的工作方法、步骤等文件；（5）其他涉及诊疗行为的规范性文件和材料，如《药典》及其配套的《临床用药须知》、药品说明书、相关医学文献综述等。另外，一些行业学（协）会组织专家制定的文件，常以“专家共识”的形式出现，如中华医学会医学美学与美容学分会的《埋线美容外科专家共识》、中国医师协会的《聚焦超声消融手术技术规范专家共识》、中华预防医学会卒中预防与控制专业委员会介入学组的《急性缺血性脑卒中血管内治疗中国专家共识》等，这些专家共识一般作为推荐性的诊疗规范使用。

在医学会和司法鉴定机构进行医疗损害责任鉴定实践中，经常会遇到不同的诊疗规范之间或者相关法律规范之间存在差异或矛盾，有时还会遇到相关诊疗规范不符合实际情况而适用困难的情形，这时需要根据以下原则去把握和适用：一是科学审查原则。对冲突的诊疗规范要进行科学性审查，从技术角度审查其科学性而不是盲目适用，同时要考虑规范的适用范围、适用时间以及权威性。二是综合解释原则。不同的诊疗规范可能是基于不同的角度和不同目的，在表述上会存在差异，但是并不存在冲突，而是相互补充的，在这种情况下要进行综合解释，而不作片面理解。三是现实条件原则。诊疗规范的适用需要条件和机会，应当考察当时的客观条件以及患者的病情、个体情况。四是患者利益原则。医疗行为的实施要以保护患者权益为目的，对患者而言，当时如为最有利或唯一的有效医疗措施，此时也不能简单地认为医疗行为与诊疗规范不符而认定其存在过错。五是效益兼顾原则。任何行为都要考虑其效益和成本，评判医疗行为时必须兼顾实际可能得到的效益和所付出的成本。

三、相关建议

作为医务人员，一方面，要从不同角度全面熟练掌握相关法律法规以及诊疗规范，同时由于医学进步和技术更新，要关注诊疗规范的变化并及时学习更新知识，对于常用的相关治疗方法以及药物，要谙熟药品说明书的全部内容。另一方面，在临床行医工作中要严格按照相关法律法规和诊疗规范，并结合患者的不同情况，站在有利于患者利益和解决患者问题的角度，同时要充分尊重患者的知情同意和选择权，真正做到规范行医，减少不必要的医疗纠纷发生。

问题 04　诊疗中如何遵守习惯、医学伦理以及公序良俗？

我国《民法典》第 10 条规定："处理民事纠纷，应当依照法律；法律没有规定的，可以适用习惯，但是不得违背公序良俗。"第 1009 条规定："从事与人体基因、人体胚胎等有关的医学和科研活动，应当遵守法律、行政法规和国家有关规定，不得危害人体健康，不得违背伦理道德，不得损害公共利益。"由此可见，诊疗行为可以适用习惯，并且不得违反医学伦理及公序良俗。

一、相关案例

患者贺某因股骨颈骨折入住某医院，经手术治疗后患者病情好转出院。贺某认为该医院在病历中对患者个人信息没有核实，出院后对"骨质疏松"的诊断进行了修改，造成其损失并要求赔偿。法院审理后认为，按照医疗惯例，病历中记载的患者信息及家属联系方式等信息，由接诊医师根据患者或陪同就诊人员的主诉记录，仅进行形式审查而没有进一步核实的义务，贺某出院后要求医院修改病历中关于重度骨质疏松的诊断，医院出于医学的准确性和严密性考虑，在重度骨质疏松诊断处标注了"问号"，亦是根据贺某的检查结果作出的合理判断，不应认定为侵权行为，最终驳回贺某的诉讼请求。[①]

① 参见北京市第一中级人民法院民事判决书，(2019）京 01 民终 1637 号。

本案例中，法院按照医疗惯例对医院的行为作出评判。那么，什么是法律规定的“习惯”？习惯是指在长时间里逐渐养成的，一时不容易改变的倾向或社会风尚。[①] 法谚云：“法有限，而情无穷”，故再完备的法律体系也不可能涵盖生活中的方方面面，而且各地的风俗、传统和经济发展情况各不相同，对具体事项有时也难以进行统一规定，需要根据实际情况结合当地的习惯处理，故我国《民法典》特别规定了习惯在处理民事纠纷中的依据作用，且很多条文多次规定“习惯”的法律效力。因此，在相关法律、行政法规、地方性法规以及有关规范对特定民事行为未作出规定的情况下，可以适用习惯。在诊疗活动中，鉴于医学的复杂性，很多时候需要根据病人的具体情况以及当地的医疗水平、医疗资源和医疗惯例评判是否存在侵权行为，故医务人员在行医过程中不仅要遵守医疗规范和常规，还要遵循当时当地的相关医疗惯例。

二、公序良俗原则的适用

我国《民法典》对此规定的“习惯”必须是良好惯例，即不得违反“公序良俗”。“公序良俗”包括公共秩序与善良风俗两个方面。公序指国家社会的存在及其发展所必需的一般秩序，即社会一般利益，包括国家利益、社会经济秩序和社会公共利益；良俗即一般道德观念或良好道德风尚，包括社会公德、商业道德和社会良好风尚。公序良俗原则要求民事主体的行为应当遵守公共

① 参见中国社会科学院语言研究所词典编辑室编：《现代汉语词典》（第6版），商务印书馆2012年版，第1395页。

秩序，符合善良风俗，不得违反国家的公共秩序和社会的一般道德。在司法实践中，经常会适用不违反公序良俗的习惯进行判决。例如，在某医院诉患者廖某的儿子李某医疗欠费案件中，李某认为其不是医疗服务合同的主体，同时以没有继承其母亲廖某的遗产为由而拒绝支付患者廖某拖欠的医疗费。最后二审法院判决认为，李某作为廖某的赡养义务人，不履行赡养和照顾义务，也不承担医疗等费用，于情不合，于理不通，于法有悖，一审法院以“李某所作所为违反法律规定、违反公序良俗”为由，判决李某须支付其母亲廖某的医疗等费用并无不当。①

实践中哪些习惯有利于维护公共秩序，哪些习惯属于善良风俗，需要按照常理和情理进行判断。尽管“良好习惯”和“不良习惯”各自都与自然习惯和社会习惯相关联，但总的来说，这一分类属于社会习惯的范畴。所谓“良好”或“不良”，具有明显的道德评价性质。既然人们把习惯类型化为“良好”和“不良”，那就必然意味着在道德社会需要上，人们更应接受良好习惯，而尽量摒弃不良习惯。②

同时，在诊疗行为中，医学伦理也是必须遵循的原则，即在适用习惯过程中不能违背医学伦理，包括不违背尊重、不伤害、有利和公正四大基本原则。

在价值层面，良好的习惯和公序良俗、医学伦理原则是一致的，体现了民法的立法精神，它在弘扬社会公共道德，建立稳定的社会秩序，维系整个社会良性运转的过程中发挥着重要的作用，

---

① 参见河北省石家庄市中级人民法院民事判决书，（2019）冀01民终10979号。

② 参见谢晖：《论“可以适用习惯”“不得违背公序良俗”》，载《浙江社会科学》2019年第7期。

故为民法的基本原则，具有普遍适用善良习俗的具体内涵与外延。在医疗实践中，尊重良好的习惯、理解和落实医学伦理的基本原则，对于优化医疗秩序、和谐医患关系是非常必要和有益的。

问题05　什么是“不必要的检查和治疗”？

我国《民法典》第1227条规定：“医疗机构及其医务人员不得违反诊疗规范实施不必要的检查。”该条款规定直接沿用了原《侵权责任法》第63条的内容，在原《侵权责任法》立法过程中曾使用“过度检查”这一表述，后认为“过度检查”含义不明确，实践中具有相当的判断难度，所以最终使用“不必要的检查”一词，并进一步明确以“诊疗规范”作为检查必要性的判断标准。

一、“不必要的检查”归责原则和具体适用

“不必要的检查”作为医疗损害责任中一个特殊的侵权形式，在《民法典》第1227条进行了单独规定，但该条款仅规定了其禁止的行为模式，并未明确其归责原则具体适用情形。从体系解释角度来看，《民法典》第1227条并非第1222条、第1223条列举的情形，故应该遵循第1218条过错责任原则的一般规定。

我国《民法典》中医疗侵权的过错形态一般为过失，而不包含故意。但是“不必要的检查”导致的医疗侵权的过错形态则包含故意和重大过失两类。

一是主观故意。“不必要的检查”侵权中的“故意”是指医师对患者财产损失持积极追求或放任心态，并非对人身损害后果的故意。“不必要的检查”主要动机有谋取经济利益或进行防御性医疗两类。前者指的是医师通过多开检查或者开具费用更加昂贵

的检查的方式追求个人的收入增加。防御性医疗指的是医师为了避免在可能的医疗纠纷中承担责任而让患者进行额外检查的行为，其作为一种诊疗行为，并非医学疾病本身的需要，而是为了构造一个完整的防御体系，以应付可能的医疗诉讼 。无论是其中哪一类动机，医疗机构及其医务人员在医疗活动中，在明知是“不必要”且预见到自己过度医疗行为会给患者造成经济损失并仍然希望发生或放任发生的，就属于“故意”。

二是违反诊疗规范。由于患者个体化差异、医院医疗水平差别和医师诊疗能力不同等因素，诊疗手段存在一些差异，即便同级别医师之间，也存在能力和水平及医疗理念的不同，相关的诊疗措施也不相同，故“诊疗措施必要与否”如果根据“注意义务”的主观标准进行评价将会出现混乱。同时，医学作为“一门不完美的科学”本身就存在未知性，用严格的“过失”认定诊疗行为必要与否，会导致医师畏手畏脚，明显不利于医疗行业的发展，最终受损害的也是患者自己。而且，“预见义务”和“防范义务”主要防范的是因注意义务不足而导致患者人身损害的情况，如果该注意义务既要防范人身损害的发生，又要防范不必要的医疗费用损失的发生，客观上也很难“恰到好处”地实现，而医师的首要职责是治病救人，如果让医师主要关注患者的医疗费用，那么也明显不符合医疗的基本职能。法律上之所以要规定“不必要的检查”，其目的是防范明显违反诊疗规范而使患者发生较大不必要医疗费损失，而不是限定医师正常合理的自由诊疗权，所以“不必要的检查”应以违反“诊疗规范”的客观标准进行评价，并且应从严把握，否则将对医师过于苛责，反而不利于患者的诊治。

二、判断“不必要的检查”的标准

判断“不必要的检查”的标准是什么？第一，以违反“诊疗规范”作为判断标准，包括医疗常规和医疗惯例、公序良俗以及医学伦理。第二，以“合理性”和“必要性”为判断原则，相关的检查必须是必要的而且是合理的，具体应当根据患者的病情以及客观情况和诊疗规范评价。第三，以尊重医师的诊疗权为原则，由于医疗行为的复杂性和患者个体的差异性，不同的医师对病情的判断和医疗行为的合理性认定会存在差别，不能以这种差别来认定“不必要”，而是要充分尊重和理解医师的诊疗权，只有根据当时医疗水平认为该检查明显不必要且医师无法作出合理解释时，才能认定为“不必要的检查”。第四，以医疗专业鉴定为原则，“是否必要”涉及非常专业的医疗判断，无法用普通人的认知来认定，故具有具体性和专门性，需要进行医疗专业鉴定进行评判。

三、相关建议

医务人员在临床中既要避免医疗过错，包括医疗预见义务和防范义务的不足，又要避免“不必要的检查”，实践中是很难“恰到好处”的，那么在司法实务和医学实践中应当如何避免和解决这种情况？

（一）发扬医师职业精神，树立良好医德医风

不必要检查行为具有隐蔽性，且医师在诊疗过程中具有主导地位，所以应要求医师增强职业道德，加强自身行为约束。医师应当坚持患者利益至上，弘扬敬佑生命、救死扶伤的崇高职业精

神。在选择和实施诊治方案时，尽可能用最小代价取得最好效果，使诊治达到最佳程度，争取为患者提供最优化的诊疗，而不能以医师自我利益为中心。

（二）完善法律制度保障，明确诊疗规范内涵

规范过度医疗行为，需要完善的法律制度保障，其中最重要的是对于“不必要的检查”判断标准的进一步明确。应当结合我国医学实践对于诊疗规范的认定，在立法中将“诊疗规范”具体内涵明确为包括临床路径、诊疗技术指南、医学界普遍形成的共识、医疗原则，乃至临床医学教科书等。

（三）提高证据意识，规范病历书写

患者对医疗行为不理解，或者就医理念错误，或者个人的“不当要求”，都可能引发“过度医疗纠纷”。病历作为诊疗记录的载体，既呈现了诊疗的过程，也体现了医师诊治思路，其作为书证具有证明医方诊疗行为规范性的证据效力。所以，医师完整的病历记录，尤其在病历记录过程中，需要体现其检查、诊断和治疗的思路，在发生“过度医疗”争议时有助于进行充分有力的举证和说明，降低医师从业的法律风险。

（四）正确全面理解法律，规范诊疗行为

虽然我国《民法典》第 1227 条仅规定了不必要的检查，但是在司法实践中其他过度医疗侵权行为仍然有参照处理的正当性。由于“不必要的检查”只是过度医疗的其中一种形式，实践中其他过度医疗行为还有过度用药和过度治疗等，对此《医师法》第

31 条规定了“医师不得利用职务之便，索要、非法收受财物或者牟取其他不正当利益；不得对患者实施不必要的检查、治疗”，该条款在《民法典》规定的“不必要的检查”基础上，增加了“不必要的治疗”。过度用药表现为超量、超品种、超适应症用药，甚至可能出现虚构医疗需求和医疗记录的欺诈行为。过度医疗表现为临床上不必要的住院、手术、使用植入性高值耗材等，如人为放宽住院标准、滥用血管支架等植入性医疗器材等。所以，医师应当规范诊疗行为，切不可认为法律仅禁止不必要的检查，而忽略了其他过度医疗行为的违法性。

问题 06 国外已上市但国内未上市的药物，能否在临床中使用？

世界卫生组织国际癌症研究机构（IARC）发布的《2020 世界癌症报告》数据显示，中国总体癌症死亡率为 65.6%，是美国总体癌症死亡率即 26.7% 的 2 倍多。其中的主要原因是我国对癌症发病的前几位恶性肿瘤大部分预后较差，美国可以使用更具革新性的药物，但我国的制药业主要专注于仿制药及原料药的大规模生产，而不是创新药物的开发。[①] 随着医学技术的发展和国际合作交流的加强，部分罕见病、恶性肿瘤患者可通过使用国外已上市的药物来实现维持生命或改善生存质量的目的，临床中经常有患者要求医师使用国外已经上市但国内尚未上市的药物，但是《药品管理法实施条例》第 29 条规定，“药物临床试验、生产药品和进口药品，应当符合《药品管理法》及本条例的规定，经国务院药品监督管理部门审查批准”。同时，我国《医师法》第 28 条第 1 款规定，“医师应当使用经依法批准或者备案的药品、消毒药剂、医疗器械，采用合法、合规、科学的诊疗方法”。因此，在患者病情确有需要时能否建议患者使用国外已上市而国内未上市的药物，成为医师面临的现实难题。即便患者可以用药，因国外药物费用高昂、无法医保报销等问题，在诊疗效果不理想之时，患

① 参见孙暮云：《十张图了解 2021 年中国肿瘤行业现状及发展趋势　抗癌之路道阻且长但未来依然可期》，载前瞻经济学人网 2021 年 5 月 28 日，https：//www. qianzhan. com/analyst/detail/220/210528 – ed7694e7. html。

者及家属可能将患者病情恶化归因于医师的推荐使用，更有甚者引发医疗纠纷，给医师正常执业带来风险。

一、相关案例

2018 年 4 月发生的聊城假药案，就是因患者使用未经国内药监部门批准的国外药物引起的一则案例，最后公安机关认为依照《药品管理法》有关规定，“卡博替尼”为必须批准而未经批准进口的药品，医师向患者推荐“卡博替尼”并列入医嘱，违反了原《执业医师法》相关规定，但未发现医师从中牟利，与药品销售人员也不存在利益关联，没有证据证明患者死亡与该药有直接关系，医师的行为虽属违法，但尚不构成犯罪，聊城市公安局东昌府分局依法对该医师作出终止侦查的决定。①

二、我国目前立法现状

聊城假药案引起了社会的广泛关注，我国《药品管理法》对此也作出相应修订。2019 年 12 月 1 日起施行的《药品管理法》第 65 条规定，“医疗机构因临床急需进口少量药品的，经国务院药品监督管理部门或者国务院授权的省、自治区、直辖市人民政府批准，可以进口。进口的药品应当在指定医疗机构内用于特定医疗目的。个人自用携带入境少量药品，按照国家有关规定办理”。根据此规定可以看出，立法机关对未在国内上市的药品的使用，在充分考虑患者实际用药的同时，还是持谨慎态度，仅限于“医

① 参见左盛丹：《山东通报“医师开假药”案　对陈宗祥王清伟终止侦查》，载百家号“咸宁新闻网”2019 年 3 月 25 日，https：//baijiahao. baidu. com/s？ id = 1628928497969614540&wfr = spider&for = pc。

疗机构因临床急需”及“个人少量自用”两种情形，且需要履行相应手续。对于医疗机构的临床急需用药，依照《药品管理法实施条例》第36条的规定，医疗机构应当持医疗机构执业许可证向国务院药品监督管理部门提出申请，经批准后，方可进口。而对于个人自用携带入境少量药品，《药品进口管理办法》第39条第3款规定，“进出境人员随身携带的个人自用的少量药品，应当以自用、合理数量为限，并接受海关监管”。这也就从立法层面奠定了在患者确有需求时使用境内未上市药品的合法性基础。

三、“同情用药”等方式的借鉴

在法律层面上设定严格条件，可能导致在实践当中缺乏可操作性。对于生命权、健康权，任何人有权寻求积极治疗手段，法律不能阻却自然人去维护自己的生命权，也不应为医疗机构或患者设定过多条件，对于使用境内未上市药物的操作流程，实践中可参照《药品管理法》中对于“同情用药”的规定。我国《药品管理法》第23条规定，“对正在开展临床试验的用于治疗严重危及生命且尚无有效治疗手段的疾病的药物，经医学观察可能获益，并且符合伦理原则的，经审查、知情同意后可以在开展临床试验的机构内用于其他病情相同的患者”，即我国法律对于开展临床试验而未上市的药物可以依法“同情用药”。对于已经过境外药物临床试验并有大量的临床数据支持境外上市的药品而言，虽然缺乏对我国种族、体质等因素的实证研究，但相较于“正在开展临床试验”的药物，诊疗风险相当，也应可以“同情用药”。因此，法律上需对这些国内缺乏有效药物治疗的特殊群体给予更宽松的法律适用条件，在患者确有需求时，医院及医师可参照《药品管理法》第 23 条“同情用药”的规定，通过院内伦理审查等方式，确保药品的使用能够使患者获益、符合医疗伦理，且对于相关内容应当及时写入病历及医嘱中。此外，还可采用“律师见证”等方式，在第三方见证的情形下，对患者、近亲属充分告知病情、诊疗风险等内容，确保患者、近亲属对于病情充分知情并作出有效同意。这样既可降低诊疗风险，也可保障患者的权益，符合法律的要求。

诚然，上述内容仅是应急之策，更加重要的应当是不断提升国内的新药研发和诊疗水平，同时优化药品的进口、注册等制度，只有我国医疗卫生技术水平不断提高和制度规则不断完善，才能切实保障广大人民群众的生命健康。

问题07 患者不配合医院诊疗时应当如何处理？

一、相关案例

患者郑某某，男，45岁，因胸痛3小时到北京市某医院急诊科就诊，初步诊断胸痛待查，病历上记载医嘱：心电图；随诊。后家属于当日17时在家中发现患者已经死亡。据医方陈述，患者因等待做心电图检查的时间太长，同时感觉胸痛也已缓解，故要求回家，接诊医师遂在急诊病历上又记录“随诊”，患者随后自行回家。患者死亡后尸检报告为：郑某某因心血管疾病（冠状动脉粥样硬化、心腔内及肺动脉内血栓）致其呼吸循环衰竭死亡。双方发生争议，经某医学会医疗事故鉴定认为：接诊医师对以胸痛为主诉的相关疾病的危险性缺乏应有的重视，在患者因等待做心电图检查时间太长放弃检查的情况下，没有告知其心电图检查的必要性和拒绝检查的风险，放任其回家，存在过失；该过失行为致使患者未得到相应的诊断和治疗，与患者死亡之间存在一定的因果关系；医方负次要责任。[①]

本案例患方拒绝相关检查，但医师没有告知其检查目的、必要性和放弃检查的风险等事项，并让其签字确认相关事实，反而在急诊病历中记录“随诊”，表明同意就此结束诊疗，故承担次要责任。因此，在诊疗中如何处理患者不配合诊疗的行为，在医疗

---

① 参见北京市朝阳区人民法院民事判决书，（2005）朝民初字第30155号；北京市第二中级人民法院民事判决书，（2006）二中民终字第5983号。

纠纷防范中非常重要。

二、法律分析

我国《民法典》第 1224 条规定，“患者在诊疗活动中受到损害，有下列情形之一的，医疗机构不承担赔偿责任：（一）患者或者其近亲属不配合医疗机构进行符合诊疗规范的诊疗……前款第一项情形中，医疗机构或者其医务人员也有过错的，应当承担相应的赔偿责任”。因此，对于患者或者其近亲属不配合诊疗的行为，应由患方承担相应的责任，如果医方对此并没有过错，那么将不承担赔偿责任。但是，如果医方没有证据证明患方不配合诊疗，或者医方的诊疗行为不符合医疗规范或者存在过错，那么医方仍应承担相应的责任。

三、相关建议

在诊疗活动中，医务人员经常会遇到患方不配合诊疗的情形，此时医务人员应依法妥善正确处理，尽力保护患者的生命安全和身体健康，同时维护好自己的合法权益，防范医疗纠纷的发生。对此，笔者提出如下建议。

第一，确保医嘱或给患方提出的诊疗建议符合诊疗规范。对于违反医疗规范的诊疗行为，尽管患方不配合，医方仍无法以此免除责任。

第二，如果患方不配合，应了解患方不配合的原因，并帮助患方解决其中的问题，如确实无法解决，应用患方能接受、能听懂的语言让其理解治疗的必要性、意义、价值和风险，避免患方作出非理性的决定，加强医患沟通，尽量劝说患方配合。如患方仍不配合诊疗，可向上级医师报告，由上级医师与患方再次沟通。

第三，如患方经反复沟通仍不同意配合医院的诊疗行为，那么需书面告知患者的病情、诊疗目的、必要性以及不配合的风险，并让患方签字确认。

第四，如患方不配合诊疗或不明确表态是否同意诊疗，但又不配合签字确认，那么此时需做好相关证据固定（如录音、录像）并保存好证据。

第五，如患方不明确表态是否同意配合诊疗，同时属于抢救生命垂危的患者等紧急情况，那么应根据《民法典》第 1220 条的规定，由医疗机构负责人或者授权的负责人批准，立即实施相应的医疗措施。

第六，对于患方拒绝配合的诊疗行为，如果有替代诊疗方案，应提出相关替代方案建议，在征得患方同意后实施，不能因患方有不配合诊疗的情形就不积极实施替代医疗方案。

第七，对于患方拒绝配合的诊疗行为，做好患者出现相关风险的防范措施，以及风险发生后的处理措施。

问题 08　非精神病专科医院如遇有自杀、自伤倾向或疑似精神病的患者，应如何处理？

一、相关案例

患者金某，男，1968 年 2 月 26 日出生。2014 年 7 月 25 日患者因“高坠致左跟骨粉碎性骨折”到某二级综合医院住院治疗，入院时患者神志清楚，有家属陪护，否认各种既往病史，医院根据病情给予对症支持等治疗，进行术前准备后拟择期手术。7 月 26 日经医师查房问诊后患者承认自己有吸毒病史，医师嘱家属 24 小时陪护。7 月 27 日患者情绪不安、精神差，复查头颅 CT 未见外伤性改变，对此医院嘱家属严密看护患者，同时鉴于患者有吸毒病史，多次建议患者转院先戒毒治疗或转精神病专科诊治，但家属均未同意而表示需商议。鉴于此，医院嘱“地西泮”镇静治疗，但患方仍拒绝。次日早晨，患者以“让家属帮其洗水果”为由将家属支开后跳楼自杀身亡。

法院判决认为，医院发现金某精神差、情绪不稳定后，已于事发前多次建议家属转精神专科医院治疗，并叮嘱家属严密看护金某，但家属要求留院继续观察再决定是否转院。根据法律规定，在此情况下，医院无权对金某强制转精神专科医院治疗，故医院未对金某实施转精神专科医院治疗符合法律规定，不存在过错。医院并非精神专科医院，不应要求医院按照精神专科医院标准对金某采取保护措施。因此，患方关于医院明知金某患有精神疾病，但未采取特别措施保障其人身安全导致金某自杀的主张依据不足，法院不予采信，对其相应诉讼请求，法院不予支持。[①]

二、法律分析

我国《精神卫生法》第 30 条规定，“精神障碍的住院治疗实行自愿原则。诊断结论、病情评估表明，就诊者为严重精神障碍患者并有下列情形之一的，应当对其实施住院治疗：（一）已经发生伤害自身的行为，或者有伤害自身的危险的；（二）已经发生危害他人安全的行为，或者有危害他人安全的危险的”。同时该法第 31 条规定：“精神障碍患者有本法第三十条第二款第一项情形的，经其监护人同意，医疗机构应当对患者实施住院治疗；监护人不同意的，医疗机构不得对患者实施住院治疗。监护人应当对在家居住的患者做好看护管理。”

案例中，患者金某入院时处于清醒状态，且具有完全民事行为能力，具有明确的判断力，并不是严重精神障碍患者，更不存在“应当实施住院治疗”的法定情形。法院对此也认定“医院未对金某实施转精神专科医院治疗符合法律规定，不存在过错”。同时，涉案医疗机构是普通的综合医院而非精神专科医院，不能限制具有完全民事行为能力的患者自由活动，不可能确保寻求死亡的成年患者在无陪护状态下无实现自杀的途径。而且涉案医疗机构在患者金某入院时也叮嘱家属 24 小时严密看护，并多次建议患者转院戒毒治疗或转精神病专科诊治，已经履行了医疗服务合同项下的法定告知义务。

---

① 参见北京市朝阳区人民法院民事判决书，（2015）朝民初字第 37583 号。

根据《民法典》第1165条第1款的规定，“行为人因过错侵害他人民事权益造成损害的，应当承担侵权责任”，在医疗机构存在过错的情况下才对其造成的相应后果承担责任。医方监控显示，患者是在其故意支开家属的情况下自杀的，坠楼自杀是其自主选择的结果，是其对自己生命健康权的放弃，其故意行为不是医疗机构作为善良人的合理注意义务所能防范的。《民法典》第1174条也明确规定，“损害是因受害人故意造成的，行为人不承担责任”，故患者金某作为完全民事行为能力人，应当为自己的自杀行为负责。因此，医疗机构不承担赔偿责任。

三、相关建议

在非精神病专科医院，防范患者自杀以及自伤等行为是医疗机构及其医务人员应当重视的问题，对此建议如下。

第一，对可能存在精神状态异常表现或自杀、自伤病史的患者，医务人员要有充分的认识并高度重视，依据诊疗规范及时请心理科或精神科专科会诊，充分采集病史，评估患者病情并积极予以对症治疗。

第二，如遇患者有精神异常表现的情况，医务人员应及时告知家属病情及风险。如果患者为完全民事行为能力人，应以告知患者本人为原则，同时按照民法的意思自治原则，患者也可以签署授权委托书，委托他人代为行使知情同意权。如果无法确认患者是否为完全民事行为能力人，则可同时向患者和其近亲属明确告知患者目前病情、相关医疗方案、存在的风险及可能出现的不良后果等情况，并取得患者和其近亲属明确同意。

第三，在未排除器质性疾病引起的精神异常问题前，医务人员应完善相关器质性疾病的检查，不要简单盲目地直接诊断精神疾病。

第四，依据我国《精神卫生法》第 17 条的规定，“医务人员开展疾病诊疗服务，应当按照诊断标准和治疗规范的要求，对就诊者进行心理健康指导；发现就诊者可能患有精神障碍的，应当建议其到符合本法规定的医疗机构就诊”。如果考虑可能存在精神疾病，医务人员应建议家属转精神专科医院诊治。如遇没有家属陪同或患者难以控制等特殊情形，医务人员应及时报警并请公安部门介入协助处理。

第五，在器质性疾病引起的精神异常还是精神疾病引起的异常表现不能确定前，或者转诊精神病医院治疗前，或者家属不同意转精神专科医院治疗，医务人员应叮嘱家属要专人陪护，24 小时不离视线范围，要求陪护者当发现患者有自伤、自虐倾向等异常行为时，要及时告知医务人员。

第六，对可能存在精神状态异常表现或自杀、自伤病史患者，无论是否确诊精神疾病，建议提高护理级别，加强医疗巡视管理。

第七，建立健全相关安全管理制度，检查相关设施是否存在安全隐患以及是否符合《医疗机构患者活动场所及坐卧设施安全要求》等相关规定的标准。

第二章

急救医疗行为

问题 09　在紧急情况下，医护人员能否超范围执业？

据东南早报报道，2019 年 3 月 17 日，一名在广西搭乘火车的女医生听到列车广播后，前往急救身体不适的乘客，事后被列车工作人员索要医师证，并要求写情况说明。[①] 事件发酵后，在网络上引发了广泛讨论。讨论涉及三个问题：一是紧急情况下，医师的施救是否属于超范围执业？二是能否超出执业范围救人？三是如果出现意外，医师是否应承担责任？

一、紧急情况施救的性质

为了说明医师施救是否属于超范围执业，应当首先对超范围执业的内涵作出界定。我国《医师法》第 14 条第 1 款规定，医师经注册后，可以在医疗卫生机构中按照注册的执业地点、执业类别、执业范围执业，从事相应的医疗卫生服务。通常认为，只要跨越执业地点、执业类别、执业范围任一类别从事执业活动即为超范围执业。[②] 法律之所以这么规定，是为了保护患者利益，确保医疗质量和医疗安全，但在紧急情况下施救如再严格按照“执业地点、执业类别、执业范围”规定，可能导致患者得不到及时救治，反而对患者不利，故在紧急情况下施救对医师的要求需另当别论。

---

① 参见叶正松：《独家‖女医生高铁上救人，结果却被索要医师证》，载微信公众号“江淮医学”2019 年 3 月 18 日，https：//mp. weixin. qq. com/s/01H0XYQhxpxjBQCd9xw。

② 参见向歆、武侯少华、王思源：《浅析医师超范围执业行为的法律问题——以医师的紧急救治行为为视角》，载《医学与法学》2021 年第 4 期。

（一）紧急情况下施救的情况非常复杂

由于具体环境不同，被救助者的症状不同，医护人员采用的救治手段有很大差别，有些只需采用基本的施救措施，有的则需专业性比较强的救治措施。因此，应当本着实事求是的精神，区别情况予以对待。

（二）紧急情况下超执业范围实施紧急救治不属于超范围执业

国家中医药管理局、原卫生部下发的《关于医师执业注册中执业范围的暂行规定》第 5 条第 1 项规定，“医师注册后有下列情况之一的，不属于超范围执业：（一）对病人实施紧急医疗救护的”，故医师对病人实施紧急医疗救护的，不属于超范围执业。这个规定虽出台较早，但在一定程度上反映了国家医疗主管机关的基本态度。

（三）紧急情况下超执业地点和执业类别实施紧急救治容易被认定为超范围执业

针对医师超执业地点和执业类别实施紧急救治，国家没有作出特别规定，理论界存在很大争议。[①] 有学者认为，医师因实施紧急救治行为导致的超范围执业行为不属于超范围执业行为。有的学者则认为，此种情形下医师的行为属于超范围执业，但由于主

---

① 参见向歆、武侯少华、王思源：《浅析医师超范围执业行为的法律问题——以医师的紧急救治行为为视角》，载《医学与法学》2021 年第 4 期。

客观情况特殊，其不应受到处罚。法律规定的模糊导致实务中对此行为的判定标准不一。一般来说，超执业地点急救是常见的日常急救情形，它在形式上属于超范围执业，但在紧急情况下，救助是为了保障当事人生命健康等权益，如果因此让医师承担法律责任，显然是不恰当的。超类别执业则是比较敏感的问题，由于医师的专业领域不同，跨类别执业会带来较大风险，但应根据被救助者和环境情况作出判断。

在总体上，执业范围主要是针对通常执业而言的，救治者往往带有履行职务的属性，但紧急情况下的救治是特殊的救治，并不是职务行为，而是无偿的人道主义救助，构成一种特殊的无因管理，主要是为了保护被救助者的生命健康，无论是在法律上还是道德上都应该给予鼓励，故在原则上不应将紧急情况下的救治视为“超范围执业”。

二、紧急情况下，医师可以超范围执业

《医师法》《关于医师执业注册中执业范围的暂行规定》等法律法规虽对某些超范围执业作出了认定，但未就超范围执业作出整体规定。根据《医师法》第 27 条、《民法典》第 8 条和第 184 条等，应当允许医师在紧急情况下超范围执业。

1. 医师在紧急情况下超范围执业符合《医师法》鼓励医师积极参与急救的立法精神。《医师法》第 27 条第 3 款规定，“国家鼓励医师积极参与公共交通工具等公共场所急救服务”。尽管该条款未明确允许医师超范围执业，但公共场所通常不是医师执业的地点，《医师法》鼓励医师在公共场所参与急救，体现了《医师法》生命至上的立法精神，弘扬了敬佑生命、救死扶伤、人民至上的

职业精神，是对《民法典》以人为本精神的延续。

2. 医师在紧急情况下超范围执业体现了《民法典》“尊重生命、救人优先”的社会价值，符合公序良俗原则和社会主义核心价值观。我国《民法典》专编规定了“人格权”，确立了一般情况下生命权的优先性。其中，第998条、第1002条和第1005条均涉及相关内容。[①]《民法典》第184条也体现了“尊重生命、救人优先”的立法价值。对于急需救助的人，救与不救和超范围执业所代表的能不能救好是存在价值排序的，前者应当优先于后者，生命权和健康权应最先得到保护与尊重。遇到他人身陷困境而及时救助，既符合社会公共秩序的基本价值，也是社会成员普遍认可的善良风俗，符合《民法典》第8条的公序良俗原则。在道德意义上，“尊重生命、救人优先”体现了见义勇为、救死扶伤道德义务上的社会主义核心价值观。

三、医师不对紧急救助致损承担民事法律责任

《民法典》第184条和《医师法》第27条免除了救助者的民事责任，有助于减轻医师紧急救助的后顾之忧。《民法典》第184条规定：“因自愿实施紧急救助行为造成受助人损害的，救助人不承担民事责任。”第184条的适用条件是：第一，救助具有紧急性。通常情况下针对的是人身损害。紧急性系指受助人的疾病或病情存在迫在眉睫的重大风险，如不立即采取相应抢救措施将危

① 参见王利明：《民法典人格权编的亮点与创新》，载《中国法学》2020年第4期。

及其生命或对其身体健康造成重大不利后果。[①] 第二，医师主观上出于自愿救助患者，而不是基于委托、行政命令或其他法定或约定义务救助患者。[②] 第三，损害是由于医师的救助行为引起的。该条是鼓励见义勇为者施救的特殊责任免除规定，出于鼓励见义勇为和保护被救助者的考量，仅当损害是由医师救助行为引起时免除责任。

适用《民法典》第 184 条的主要考量是，一方面，医师对超执业地点的急需救助的病患实施紧急救助与日常执业行为不同，尽管紧急救助中仍需要用到职业技术和能力，但究其根本仍属于见义勇为行为。《民法典》第 184 条通过免除救助可能产生的民事责任的方式，肯定了医师自愿实施紧急救助行为的正当性，使会救者敢救，鼓励和提倡医师的好意施救行为。另一方面，超地点执业紧急救助意味着医师在紧急救助时受紧迫时间和救助条件的双重限制，相比于正常救治可能存在疏漏和错误，如果法律要求医师承担过错责任，则不利于鼓励医师善举。对此，现行《医师法》第 27 条新增规定“医师因自愿实施急救造成受助人损害的，不承担民事责任”也明确了这一点，该条款是对《民法典》第 184 条立法精神的延续，也是对鼓励和提倡医师紧急救助的强调，但相比《医师法》第 27 条，《民法典》第 184 条“好人法”包含的免责范围更广。

诚然，受限于紧迫的救助时间和医疗环境，医师在救助时可

---

① 参见陈龙业：《医疗损害责任承担法律适用规则的完善和发展——对〈最高人民法院关于审理医疗损害责任纠纷案件适用法律若干问题的解释〉第 18 条、第 20 条、第 23 条的解读》，载《法律适用》2018 年第 3 期。

② 参见最高人民法院民法典贯彻实施工作领导小组主编：《中华人民共和国民法典总则编理解与适用》（下），人民法院出版社 2020 年版，第 925 – 928 页。

能存在错漏之处，对被救助者造成一定损害。此时，由于医师的紧急救助行为被免除民事责任，被救助者无法成功主张医师承担损害赔偿责任，从而导致损失无处补偿，成为被救助者的风险。为了更好地化解医师救人的后顾之忧，避免诉累，未来可以采用多种保障机制。首先，可以引入保险制度，设立紧急救援险；其次，可以制定司法解释或者补充立法，将紧急情况下超执业地点和执业类别的执业行为排除在超范围执业之外；最后，对医师广泛进行应急救护技能培训，宣传急救最小损害原则，确立定期考核和执行的标准，尽可能减少盲目施救，做到“敢救、会救”。

问题 10　“法定救助义务”和“自愿实施紧急救助行为”有何区别？

一、相关案例

2017 年 9 月 7 日，老年女性患者齐某因“胸闷气短”到某药店买药，店员孙某根据经验给了老人一片硝酸甘油，并帮她测血压为200/120mmHg。孙某持有乡村医生执业证书，在其父亲开办的药店工作，老人在测量血压过程中，突发晕厥，不省人事，心跳呼吸骤停。孙某立即为老人心肺复苏，5 分钟后老人恢复了意识，身体也出现了明显的动作。孙某立即拨打“120”，同时电话告知老人的儿子。急救车到达后将老人送往医院。后经医院检查，老人双侧 12 根肋骨骨折、低钾血症、右肺挫伤，住院 18 天。

2017 年 10 月，老人认为孙某心肺复苏操作不当，将其告上法庭，要求其承担医疗费、护理费、交通费、住院伙食补助费等总计 9800 余元，待伤残等级评定出来后，再支付近 10 万元的赔偿金。

2019 年 12 月，康平县人民法院作出一审判决。该法院认为，孙某自愿实施紧急救助行为，虽然救助过程中导致老人损害，但给老人进行心肺复苏造成肋骨骨折及肺挫伤无法避免，孙某的救助行为没有过错、不违反诊疗规范，故孙某作为救助人对原告齐某的损害不承担民事责任，并驳回原告诉讼请求。原告不服判决，提起上诉。

2020 年 11 月，沈阳市中级人民法院二审终审判决，驳回上诉，维持原判。原告后向辽宁省高级人民法院申请再审。2021 年 12 月，辽宁省高级人民法院裁定驳回原告齐某的再审申请。[①]

二、《民法典》对他人自愿实施的紧急救助行为的规定

对于公民自愿对他人实施的紧急救助行为，我国曾经在一段时间内，从南京彭某案、重庆万某案、西安张某案、天津许某鹤案到佛山小悦悦事件，接连发生的一系列案件无论是最终结论认定肇事方确有责任还是助人为乐反被讹，均对社会公众产生了一定的负面影响，直接导致了“顾忌风险而不敢助人”的忧虑。而我国此前在立法中缺乏关于此类事件的明确规定。部分国家和地区往往通过“恶撒玛利亚人法”和“好撒玛利亚人法”两种方法解决该问题。“恶撒玛利亚人法”是通过法律明确了公民的救助义务，若公民出现见危不救的行为，将被处以“见危不救罪”。例如俄罗斯联邦《刑法典》、法国《刑法典》、泰国《刑法典》、越南《刑法典》、我国澳门特别行政区《刑法典》等，均对“见危不救罪”进行了明确规定[②]。而“好撒玛利亚人法”是关于在紧急状态下施救者因其无偿的救助行为给被救助者造成损害时免除责任的法律制度，其目的在于让见义勇为者没有后顾之忧，不用担心因存在过失而遭到追究，从而鼓励旁观者积极主动地对伤病人给予帮助，也被称为“轻过失免责”，可见于葡萄牙《民法典》、加

---

① 参见辽宁省高级人民法院民事判决书，(2021) 辽民申 8306 号。

② 参见陈清：《大陆法系侵权法上救助义务研究》，载《北方法学》2012 年第 3 期。

拿大魁北克《民法典》、澳大利亚民法、美国部分州民法典等。[①]除非因故意或重大过失导致被救者损害，否则施救者一律不承担赔偿责任，也被称为“有限的豁免权”。我国虽将医院外突发事件纳入无因管理关系，但对责任豁免权仅是法理推定，并无法律直接规定。直到2014年，杭州市人民代表大会常务委员会公布了《杭州市院前医疗急救管理条例》，其中第30条第2款明确规定，“鼓励经过培训取得合格证书、具备急救专业技能的公民对急、危、重伤病员按照操作规范实施紧急现场救护，其紧急现场救护行为受法律保护，不承担法律责任”，也被称为我国第一部地方立法形式的“好撒玛利亚人法”。在2017年颁布的《民法总则》中，才首次将“好撒玛利亚人法”正式写入国家民事法律之中，并且将此前的除重大过失外的有限豁免权改为除故意侵权外的免责权，提升了对施救者的法律保障。《民法典》第184条沿袭了原《民法总则》的条款，明确规定“因自愿实施紧急救助行为造成受助人损害的，救助人不承担民事责任”。

医学上如果突发危及生命的疾病，第一时间的现场急救是最为关键的，被称为“黄金5分钟”，即使第一时间拨打“120”急救电话，等待院前急救到达现场往往已经错过了最佳抢救时间。因此，为了更好地实施公共场所的紧急救助，不限于医务人员，国家鼓励经过急救培训的公民积极参与公共场所救治，并且规定公共场所应当按照规定配备必要的急救设备、设施以便于应急使用，保障公民的生命健康权益。

---

① 参见殷欣、李文涛等：《好撒玛利亚人法对我国院前急救的启示》，载《医学与哲学（人文社会医学版）》2010年第2期。

三、法定救助义务和自愿实施紧急救助行为

（一）关于《民法典》第1005条的法定救助义务

根据《民法典》第1005条规定，“自然人的生命权、身体权、健康权受到侵害或者处于其他危难情形的，负有法定救助义务的组织或者个人应当及时施救”。因此，法定的救助义务的前提有两个：一是自然人的生命权、身体权、健康权受到侵害或者处于其他危难情形；二是相关组织或者个人负有法定救助义务。就诊疗行为而言，医院或者医师必须在负有诊疗义务时才负有法定的救助义务，如果诊疗行为存在过错并且导致损害后果，那么应当承担相应的侵权责任。但是，如果医院或者医师并不负有法定的救助义务，那么其救助行为属于“自愿实施紧急救助行为”，根据我国《民法典》第184条的规定，因自愿实施紧急救助行为造成受助人损害的，救助人不承担民事责任。

（二）关于医师的法定救助义务和自愿实施紧急救助行为

《民法典》第1005条规定的“负有法定救助义务的组织或者个人”包括法律法规规定的有救助义务的、负有安全保障义务的和其他负有法定救助义务的主体。[①] 一方面，该组织或者个人应采取措施避免和防范自然人的合法权益受到侵害；另一方面，在自然人的合法权利受到侵害时，组织或者个人应当及时施救。[②] 结合

① 参见最高人民法院民法典贯彻实施工作领导小组主编：《中华人民共和国民法典人格权编理解与适用》，人民法院出版社2020年版，第149－152页。

② 参见中国审判理论研究会民事审判理论专业委员会编著：《民法典人格权编条文理解与司法适用》，法律出版社2020年版，第112－117页。

《基本医疗卫生与健康促进法》《医师法》《医疗机构管理条例》等医疗相关法律法规，虽然医疗机构及医务人员对急危患者具有紧急救治义务，但医疗机构及医务人员的依法执业包括了执业类别、执业范围、执业地点、执业机构等，在空间上具有明确的场所范围限制，故医师在岗位上履行职务行为时才属于医师的法定诊疗义务。对此，《医师法》第27条第1款明确规定，“对需要紧急救治的患者，医师应当采取紧急措施进行诊治，不得拒绝急救处置”，同时该条第3款还规定，“国家鼓励医师积极参与公共交通工具等公共场所急救服务；医师因自愿实施急救造成受助人损害的，不承担民事责任”。因此，医师对履职岗位上的危急患者具有法定的救助义务，但是在非履职时的公共场所实施的急救服务并不属于法定的诊疗义务，如果救助行为造成受助人损害，依法不承担赔偿责任。

四、实践中应注意的问题

（一）加强急救知识的学习和基本技能的训练

医疗机构应加强医务人员急救技能的培训，保证医务人员掌握最基本的急救知识和操作技能，无论是基于“法定救助义务”，还是“自愿实施紧急救助行为”，扎实的抢救技能是必需的。

（二）在力所能及的范围内应尽力救治患者

现实中，究竟是“法定救助义务”还是“自愿实施紧急救助行为”有时难以区分，故医务人员应在力所能及的范围内尽力救治。至于该急救行为的性质评判，也是事后法律上的处理，作为医务人员应发扬人道主义精神，首先尽力救治，而不是先去判断救助行为的法律性质，也不能因为“自愿实施紧急救助行为”免责而怠于救治或违规救治。

（三）施救时积极寻求相关力量帮助

医师施救时应加强与患者及随行人员沟通，寻求他人或相关力量帮助，可根据患者实际情况及需求，及时拨打“120”等急救电话，配合院前急救人员开展施救工作，必要时可通过拨打“110”等方式进行求助，解决施救等相关问题。

（四）注意留取施救过程中的相关证据

为了防止相关损失和纠纷的发生，如有条件，施救者可在施救过程中注意留存相关证据。例如，记录施救过程，必要时进行录音录像、调取监控录像、保留好相关通话记录以及支出的付款凭证等。

问题 11　患者生命垂危，其近亲属是否有权放弃抢救？医疗机构该如何处理？

一、相关案例

某公司聘用郝某从事保洁工作，工作时郝某突然晕倒，救护车将郝某送往某医院。经救治 40 多小时后，患者身体情况极差，生命体征不稳定，神志昏迷，双瞳孔散大、对光反射消失，颈动脉振动微弱，病情较前明显恶化。医院多次向家属告知患者病危，随时有心跳、呼吸停止可能，家属经商量后要求放弃所有抢救措施，包括静脉用药、呼吸机使用等，医院再次向家属说明放弃治疗后患者呼吸、心跳将停止并死亡，家属表示理解并愿意承担所有后果后签字确认，当天拔除呼吸机后患者死亡。患者郝某死亡后，家属认为郝某的情况符合《工伤保险条例》第 15 条第 1 款第 1 项规定的职工“在工作时间和工作岗位，突发疾病死亡或者在 48 小时之内经抢救无效死亡的”视同工伤的条件，但某公司提出郝某系家属放弃治疗导致非正常死亡而非经抢救无效死亡，故不应认定“视同工伤”。

法院审理后认为，患者医治效果是医疗水平和设备、医师判断、家属建议共同作用的结果，对于患者应当采取何种治疗措施以及是否放弃治疗的决定权在家属，同时医疗救治本身存在诸多风险要素，具有高度不确定性，在患者多次被医院下达病危通知、随时存在死亡风险、基本无治疗痊愈希望的情形下，其家属结合患者身体状况、病历记载及医师建议对风险进行合理评估，在不存在公安机关认定的违法犯罪行为且不存在主观故意、重大过错并愿意自担后果的情形下，家属作出的放弃治疗决定于法不悖，亦符合情理，而且家属对患者放弃治疗情形在医疗实践中亦属常见，无需苛责，故对郝某死亡予以认定工伤。[①]

二、家属不同意患者治疗措施的辨析

我国《民法典》第 1219 条第 1 款规定，“医务人员在诊疗活动中应当向患者说明病情和医疗措施。需要实施手术、特殊检查、特殊治疗的，医务人员应当及时向患者具体说明医疗风险、替代医疗方案等情况，并取得其明确同意；不能或者不宜向患者说明的，应当向患者的近亲属说明，并取得其明确同意”。从该规定中明显可以看出，是否同意治疗是由患方决定的，患方当然有权同意或者不配合治疗。

虽然从民事角度家属有权放弃患者的救治，但其行使该权利的前提是不违反法律规定。对此，《医师法》第 33 条第 5 项规定，医师在执业活动中发现患者涉嫌伤害事件或者非正常死亡，还应当按照有关规定及时向所在医疗卫生机构或者有关部门、机构报告。因此，对于患者病情危重情况，医师需要进行病情评估，如果放弃救治将直接危及患者生命或有损患者重大健康，可能涉嫌故意杀人、故意伤害等刑事案件情况时，家属无权放弃抢救，医师也不应配合。对此，前述案例尽管认为“家属作出的放弃治疗决定于法不悖”，但也是以“不存在公安机关认定的违

① 参见上海市第一中级人民法院行政判决书，（2020）沪 01 行终 168 号。

法犯罪行为且不存在主观故意、重大过错并愿意自担后果”为前提的。

三、医师的注意事项

当家属要求放弃对患者的抢救时，首先要考虑患方的要求是否符合法律规定。由于我国对“安乐死”没有合法化，如果放弃抢救直接导致死亡而涉嫌相关刑事犯罪，即便患者及全体家属一致同意并签字，按照法律规定医师也不能允许。但是，如果患者已处于脑死亡状态且没有有效救治办法或救治无望，尤其是还会产生巨额医疗费使家属无力承担的情况下，若家属要求放弃抢救（如拔除气管插管并停呼吸机），医师应告知相关病情和放弃抢救的风险及后果，如家属经商量后仍一致要求放弃抢救，那么首先应评估患者是否已经脑死亡以及有无救治价值，同时由相关部门排除刑事案件的可能性，并报医疗机构相关管理部门及伦理委员会同意后，按照脑死亡的相关规定处理。需要特别提醒的是，对于家属放弃抢救患者的决定，医师应尽量劝说患方积极配合治疗，详细告知其相关医疗风险和法律上的风险，同时需由家属签字确认，如有条件也可以进行录音、录像以固定证据。

问题 12 院前转运如何做到“就近、就急、就救治能力”并“兼顾患者意愿”?

一、法律对院前转院的规定

《院前医疗急救管理办法》第 23 条规定:“急救中心(站)和急救网络医院应当按照就近、就急、满足专业需要、兼顾患者意愿的原则,将患者转运至医疗机构救治。”对此,北京市、天津市、江苏省、杭州市、南京市、长沙市、廊坊市、淄博市等地的院前医疗急救规定均明确了该原则,如《北京市院前医疗急救服务条例》第 22 条第 1 款规定:“院前医疗急救机构应当根据患者情况,遵循就近、就急、满足专业需要、兼顾患者及其家属意愿的原则,将患者及时转运至具有相应急诊抢救能力的院内医疗急救机构。”《天津市院前医疗急救服务条例》第 18 条第 1 款规定:“院前医疗急救机构应当按照就近、就急、满足专业需要的原则,将患者及时送至医疗机构救治。”《江苏省院前医疗急救条例》第 10 条第 4 款规定:“对需要送至医疗机构救治的患者,急救人员应当按照就近、就急、满足专业需要的原则,及时将患者送至医疗机构救治。”《杭州市院前医疗急救管理条例》第 20 条第 2 款规定:“需要送至医疗机构救治的,急救中心或者急救网络医院应当根据情况,按照就近、就急、满足专业需要、结合伤病员或其亲属、监护人意愿的原则,将伤病员转运至医疗机构及时救治。”可见,院前转运不仅要满足“就近、就急、就救治能力”,而且要

"兼顾患者及其家属的意愿"，那么在实际转运过程中如何做到"就近、就急、就救治能力"？在"就近、就急、就救治能力"与"兼顾患者及其家属的意愿"二者无法兼顾时到底该如何选择？

二、相关案例

在现实生活中，院前转运在选择送往的院内医疗机构过程中，存在各种各样的问题，如舍近求远、院内医疗机构没有救治能力、院内医疗机构没有床位等。

如对"院内医疗机构没有救治能力"的问题进行案例分析。患者因突发左上肢无力，伴有肢体麻木、胸痛，家属拨打院前急救电话后患者被送往专业胸科医院就诊，就诊过程中患者突发意识不清，后又转入具有神经科资质的综合医院治疗。鉴定认为，患者因胸痛、双上肢麻木呼叫急救中心，医方医护人员到场后查体：血压高、神志清、四肢活动可。但 30 分钟后送至专业胸科医院即表现为四肢肌力 0 级、言语不利。这表明医方查体可能与实际不符或转运过程中观察不严密，漏诊脑血管疾病的体征表现，导致未能将患者正确送入有综合救治能力的医院，不利于脑梗的早期诊治，医方存在过错。[①] 该案中，由于医务人员对患者疾病的诊断存在问题，使其对转运送往的院内医疗机构选择出现错误。因此，院前转运中的"就近、就急、就救治能力"并不是简单地判断"院内医疗机构的救治能力"。

再就"兼顾患者及其家属的意愿"的问题进行案例分析。2016 年 7 月 23 日上午，任某因"腹痛、破水、头胎"等拨打急救

① 参见北京市朝阳区人民法院民事判决书，(2021) 京 0105 民初 71277 号。

电话，某社区卫生中心出车，救护车接上任某后，为患者进行了心电监测及血氧检测。因在北京的医院没有建档，任某及其家属决定回山东生产，并签署《北京院前知情同意书》表示拒绝就近去医院救治，如出现病情变化、生命体征消失等情况，后果自负。对此，某社区卫生中心救护车司机联系了另一辆可以出京转运的救护车，该救护车行驶出北京后，任某身体不适，救护车将任某送至附近妇幼保健中心，超声检查结果为："宫内晚孕——考虑胎死宫内。"法院认为，某社区卫生中心在没有给任某怀孕的胎儿做相关检查且未送至相关医院经妇产科专业医师诊治的情况下即告知其因未建档北京的医院可能不收，对于任某作出回山东老家生产的决定存在一定误导，之后又为任某联系车辆，在其医疗行为中存在过错。虽然《北京院前知情同意书》有患方签字，但该社区卫生中心作为专业的医疗单位，并未举证其已经如实评估并告知患者相应风险，应当对任某的损害后果承担相应责任。[①] 法院判决被告某社区卫生中心赔偿患方 2 万余元。

三、对"就近、就急、就救治能力"和"兼顾患者意愿"的理解

（一）就近

就近，是指为了患者能够得到及时、有效的治疗，救护车在转运患者时，应选择距离患者所在地较近的医疗机构。此处的"就近"，不能简单地理解为直线距离的远近，而应结合实际行驶路线、路况等作综合理解，主要是衡量能以最短的时间送患者到

① 参见北京市朝阳区人民法院民事判决书，（2016）京 0105 民初 48178 号。

院内医疗机构。同时，“就近”要考虑病情的危急情况以及待转医院的救治能力、医疗资源状况等因素，综合考量是否符合患者当时的实际情况以及利益。

（二）就急

此处的“就急”应当包括以下三个方面：第一，急救中心（站）应当根据《院前医疗急救管理办法》第 22 条的规定，在接到“120”院前医疗急救呼叫后，根据院前医疗急救需要迅速派出或者从急救网络医院派出救护车和院前医疗急救专业人员。不得因指挥调度原因拒绝、推诿或者延误院前医疗急救服务，以免延误患者救治。第二，急和缓是相对而言的，当有两名患者同时呼叫救护车且无法同时调度两辆救护车时，应优先转运病情危重的患者，对于病情较为平稳的，在确保安全的情况下可以安排其他救护车转运，或者前转运任务完成后立即进行转运。第三，“就急”需要以客观条件为基础，应当按照当时条件所能达到的情况评价，而不能一概而论，更不能以当时难以实现的理想条件作为标准。

（三）就救治能力

就救治能力，是指救护车在转运患者时，应当结合患者目前的病情、可能存在的病情变化等情况，建议患者转运至有相应救治能力的院内医疗机构。例如，对于疑似卒中患者，可建议转运至有卒中中心等治疗能力的医疗机构进行救治，对于疑似有传染病的患者，建议患方转运到传染病专科医院就诊。需要注意的是，院前限于条件、时间往往难以明确诊断，只能初步判断并对症处理，有时难以判断哪家医院更有救治能力，故需依据当时院前初步判断的情况来处理。同时，如果可转的医疗机构有多家且均有相应的救治能力，但是医疗水平和医院等级上有差异，此时要根据患者的病情紧急状况、家属的意愿、转运时长等综合因素选择。

（四）兼顾患者意愿

前述“就近、就急、就救治能力”不能割裂开来理解，应当综合考虑，选择转运当时相对最适合患者的医疗机构，对此院前医务人员应将相关的信息告知患方，包括病情、可待转的医疗机构及其风险，让患方通过平衡利弊来选择，最终应尊重患者及其家属的意愿。

四、“就近、就急、就救治能力”与“兼顾患者意愿”的关系

《北京市院前医疗急救服务条例》第22条明确规定了“一律由院前医疗急救机构决定送往相应的院内医疗急救机构进行救治”的情形，除此以外院前医疗急救机构应当“遵循就近、就急、满足专业需要、兼顾患者及其家属意愿”的原则转运，在此过程中如果发生“患者及家属意愿”与“就近、就急、就救治能力”不完全一致的情况，尽量与患者及其家属充分沟通，在兼顾患者及其家属意愿的同时，根据患者病情送往满足就近、就急、就救治能力的院内医疗机构，以免延误患者治疗。毕竟除法律强制性规定院前医疗机构应当履行的义务外，患者及其家属的意愿是医疗机构提供诊疗服务的重要依据之一。

五、对院前医务人员的建议

首先，院前医务人员应熟悉急救现场的地理位置、周边的院内医疗机构基本设置情况以及院内医疗急救机构接诊能力，以便迅速准确掌握相关信息，判断拟送往的院内医疗机构。

其次，院前医务人员根据现场对患者查体及检查的情况对患者疾病进行初步诊断，如果患者可能存在相关病情，但院前没有相关医疗设备进行明确诊断，那么院前医务人员应向家属告知目前的情况及存在的风险，并听取患方的意见，同时尽量选择将患者送往综合医院进行救治，以免院前对病情判断不当而影响院内对疾病的救治。

再次，院前医务人员应将可转诊医疗机构的相关专业及实际情况告知患方，并说明相关风险，可提出送往的院内医疗机构的建议，但要征得患方签字同意。

最后，如果患者本人、家属、肇事方等人有意愿选择送往的医疗机构或者其不同意院前医务人员建议的院内医疗机构，那么院前医务人员应当与其进行充分沟通，在不违反法律强制性规定的情况下，可根据患者本人、家属、肇事方等人的意愿并签署相关转运告知书后，送往相应的院内医疗机构。

第三章

医疗说明义务

问题 13　医务人员应向谁履行医疗说明义务?

一、相关案例

2017 年 8 月 31 日，孕妇马某在陕西某医院妇产科待产，后孕妇从高楼坠下身亡，公安部门排除他杀。该医院公布监控录像截图并发表声明：因胎儿头部偏大、阴道分娩难产风险较大，该医院多次建议剖宫产，但家属均拒绝，生产期间产妇因疼痛烦躁不安，多次离开待产室，向家属要求剖宫产，主管医师、助产士、科主任也向家属提出剖宫产建议，均被家属拒绝，最终产妇因难忍疼痛，导致情绪失控跳楼，由于产妇签署了《授权书》，授权其丈夫全权负责签署一切相关文书，在她本人未撤回授权且未出现危及生命的紧急情况（产程记录产妇血压、胎心正常）时，未获得被授权人同意，医院无权改变生产方式。针对该事件，当地卫生行政主管部门对该医院主要负责人和妇产科主任处以停职处分，并责成该医院即刻对管理方面存在的问题和薄弱环节进行整改。①

该案例反映了医疗告知的对象问题，医务人员在履行说明义务时，应当向患者本人还是患者近亲属履行医疗说明义务？当患者本人和近亲属意见不一致时，应当如何处理？

① 《8.31 榆林产妇跳楼事件》，载百度网，https：//baike. baidu. com/item/8% C2% B731% E6% A6% 86% E6% 9E% 97% E4% BA% A7% E5% A6% 87% E8% B7% B3% E6% A5% BC% E4% BA% 8B% E4% BB% B6/22111112？ fr = aladdin。

二、法律分析

关于医务人员说明义务的履行对象问题，我国法律对此的相关规定比较多，如《医疗机构管理条例》规定向患者、家属或者关系人告知，《医疗事故处理条例》规定告知对象为患者，《医师法》和《医疗纠纷预防和处理条例》规定向患者告知，但在不能或不宜向患者说明等情形下，应当向患者的近亲属说明。同时，对“患者”的范围，有些法律也有特殊规定，如《医疗机构投诉管理办法》第 47 条规定，“本办法所称患者，包括患者及其近亲属、委托代理人、法定代理人、陪同患者就医人员等有关人员”，但《艾滋病防治条例》特别强调，对患者感染或者发病的事实告知患者本人，本人为无行为能力人或者限制行为能力人的，应当告知其监护人。因此，依据相关法律规定，告知的对象包括患者本人、委托代理人、监护人或法定代理人、近亲属或家属、关系人、陪同患者就医的有关人员等。

对此，我国《民法典》第 1219 条第 1 款规定，“医务人员在诊疗活动中应当向患者说明病情和医疗措施。需要实施手术、特殊检查、特殊治疗的，医务人员应当及时向患者具体说明医疗风险、替代医疗方案等情况，并取得其明确同意；不能或者不宜向患者说明的，应当向患者的近亲属说明，并取得其明确同意”。同时第 1008 条第 1 款规定，“为研制新药、医疗器械或者发展新的预防和治疗方法，需要进行临床试验的，应当依法经相关主管部门批准并经伦理委员会审查同意，向受试者或者受试者的监护人告知试验目的、用途和可能产生的风险等详细情况，并经其书面同意”。故《民法典》明确了告知对象为患者本人，当不能或者不宜向患者说明时，向患者的近亲属说明，但是涉及临床试验的只能向受试者的监护人说明。

三、实践中医疗说明义务的履行对象

在临床中，医务人员一般向患者本人以及相关人员履行医疗说明义务，其中相关人员主要分为以下三类：第一类是依据授权委托制度，向患者授权委托的受托人告知；第二类是依据法定代理及监护制度，向患者的法定代理人或监护人告知；第三类是依据特殊法律规定，向患者的近亲属告知，包括保护性医疗、紧急救治、患者昏迷等不能或不宜向患者本人告知的各种情形。

结合《民法典》的规定和临床实践情况，医务人员在诊疗活动中，首先应向患者本人告知。如果患者本人不具备完全民事行为能力，依据《民法典》第 23 条的规定，“无民事行为能力人、限制民事行为能力人的监护人是其法定代理人”，其监护人即为患者的法定代理人，故应当向其监护人告知。但是，根据《民法典》第 19 条和第 22 条的规定，限制民事行为能力人可以独立实施纯获利益的民事法律行为或者与其年龄、智力、精神健康状况相适应的民事法律行为，故对于限制民事行为能力人，还应征求其本人的意见。因此，医务人员在诊疗活动中应当向患者本人及其监护人履行说明义务。

但是在医疗中，当不能或者不宜向患者说明时，基于客观原因患者不能行使知情同意权，此时根据《民法典》规定应当向患者的近亲属说明。同时，《民法典》第 161 条第 1 款规定，“民事主体可以通过代理人实施民事法律行为”，故患者本人及其监护人或近亲属也可将相关事项授权委托他人，此时医务人员也可向受托人履行告知义务。

四、患者与近亲属、受托人的意见不一致时如何处理

由于患者的近亲属或者受托人行使知情同意权的权利来源为患者本人的权利，他人依法行使的知情同意权不能违反患者本人的意志。因此，如果患者本人和近亲属及受托人的意见不一致，那么医务人员在了解双方争议焦点及产生原因后，可再次针对性地向患方说明有关医疗事项，尽量让患者本人和近亲属的意见协商一致，若仍无法达成一致意见，那么应当遵循患者本人的意见，同时可让患者本人书面签署其对此的声明，表示知情其与近亲属意见不一致但仍坚持本人的意见，同时接受由此带来的相关风险和后果。

问题 14　履行医疗说明义务时，患者本人与其监护人意见不一致怎么办？

一、患者与其监护人意见的冲突

根据《民法典》第 1219 条的规定，医务人员在诊疗活动中应当向患者说明病情和医疗措施。需要实施手术、特殊检查、特殊治疗的，医务人员应当及时向患者具体说明医疗风险、替代医疗方案等情况，并取得其明确同意。不能或者不宜向患者说明的，应当向患者的近亲属说明，并取得其明确同意。因此，在患者就医过程中，医务人员应对患者或其近亲属进行告知，说明患者病情，在取得其明确同意的基础上进行相应的医疗工作，如果患者为无民事行为能力人或者限制民事行为能力人，那么此时应当向其监护人告知。在实践中，当患者为无民事行为能力人或限制民事行为能力人，医务人员在履行医疗说明义务时，患者本人的意见与其监护人意见不一致，或患者本人明确拒绝告知其监护人时，医务人员应采取何种措施？

根据我国《民法典》第 1220 条的规定，因抢救生命垂危的患者等紧急情况，不能取得患者或者其近亲属意见的，经医疗机构负责人或者授权的负责人批准，可以立即实施相应的医疗措施。因此，当限制民事行为能力人与其监护人意见不一致时，如果属于紧急情况，经医疗机构负责人或者授权的负责人批准后可实施相应医疗措施，确保患者的生命安全，毕竟按照目前的医学伦理，在有救治价值的情况下，生命权高于知情权等其他人格权。

二、相关法律分析

《民法典》第 23 条规定，无民事行为能力人、限制民事行为能力人的监护人是其法定代理人。第 20 条和第 21 条规定，不满 8 周岁的未成年人和不能辨认自己行为的成年人为无民事行为能力人，由其法定代理人代理实施民事法律行为。第 19 条和第 22 条规定，8 周岁以上的未成年人（以自己的劳动收入为主要生活来源的 16 周岁以上的未成年人除外）和不能完全辨认自己行为的成年人为限制民事行为能力人，其实施民事法律行为由其法定代理人代理或者经其法定代理人同意、追认，但是可以独立实施纯获利益的民事法律行为或者与其年龄、智力、精神健康状况相适应的民事法律行为。

在理论上，如果患者为无民事行为能力人，应当由其监护人代理实施相关行为，按照监护人的意见处理；但是，对于限制民事行为能力人，应根据相关事项及情况而定，对属于纯获利益或与其年龄、智力、精神健康状况相适应的民事法律行为，若患者本人的意见与其监护人意见不一致，那么应尊重患者本人的意见，除此以外还是应按照监护人的意见处理。

三、实践中的问题与建议

在实践中，相关问题比较复杂，监护人和患者往往有不同的利益考量，同时医疗行为的价值判断标准也不同，这给医务人员的处理造成一定难度，除了上述法律规定的处理原则外，医务人员还可结合具体的医疗行为以及治疗价值，判断患者和监护人相关的意见哪一个更有利、更正确和更符合实际情况。

第一，认定有治疗价值可以继续治疗的，当患者和监护人的意见不一致时，由于放弃治疗的意见不利于患者健康或生命存续，此时医务人员应把继续治疗的必要性和患者的受益情况详细告知患者与其监护人，做好医疗文书记载，尽量引导双方达成一致意见，并同意继续治疗，如实在无法达成一致意见，也要尽量让法律上有权决定的主体同意对患者继续治疗。

第二，认定诊疗措施对患者已无治疗价值的，如处于恶性疾病的终末期（如癌症晚期），慢性疾病的终末期（如肝硬化晚期），重度颅脑损伤（如脑死亡），不可逆的多脏器衰竭和其他无治愈希望的病人等，一部分是没有具体有效的治疗手段，另一部分是治疗后效果不确定、没有治疗的必要性，还有一部分患者是因经济状况较差而不得不放弃治疗。当患者及监护人意见不一致时，首先要从伦理上审查放弃治疗是否违反医学伦理，如果违反医学伦理，那么医务人员应当劝说选择放弃治疗的意见一方，让其改变选择，如不违反医学伦理，那么应当按照有决定权一方的意见处理并按规范签署相关医疗告知文书。

“放弃治疗”的伦理审查对于医师在患者与监护人意见不一致时的处理影响较大，关系人们对生命意义和治疗价值的判断标准。为解除医学干预或疾病带来的痛苦，在患者或其近亲属的要求下，由医师做出的不再使用或撤除激进的（aggressive）医疗干预的行为。[①] 一部分人认为，放弃治疗违背医师的职业道德，以生命神圣论为理由反对放弃治疗。其认为，生命都是平等的，生命的价值高于一切。[②] 但事实上，生命神圣论不是在所有情况下都是一个首要原则，当患者因为疾病和医疗干预本身而感到痛苦，医学干预已经不是在延长患者的生命，而是带给患者无尽的痛苦，对于患者来说，生命不再是人生唯一重要价值。因此，在了解和尊重患者的意愿情况下，充分地与其照护者进行沟通，正确地引导患者及近亲属作出对患者最合适的医疗决策。[③]

① 参见李京儒：《放弃治疗的相关伦理、法律问题》，北京协和医学院 2015 年硕士学位论文，第 55 页。

② See Boonell J. S. , *The Sanctity of Human Life*, Theology Today, p. 194 – 201 (1951).

③ 参见赵琴琴：《关于国内重大疾病病情告知的一些思考》，载《实用临床护理学杂志》2018 年第 1 期。

问题 15　履行医疗说明义务时，“近亲属”的范围如何确定？

由于疾病是人类社会无法回避的客观现象，而医学具有局限性和风险性，患者对其疾病以及相关医学的了解及知情，并为自己的生命健康进行理性选择，具有重要的意义。对此，《民法典》《基本医疗卫生与健康促进法》《医师法》《医疗纠纷预防和处理条例》等法律法规规定了患者的知情同意权，医务人员应该向患者履行医疗说明义务。我国《民法典》第 1219 条第 1 款规定：“医务人员在诊疗活动中应当向患者说明病情和医疗措施。需要实施手术、特殊检查、特殊治疗的，医务人员应当及时向患者具体说明医疗风险、替代医疗方案等情况，并取得其明确同意；不能或者不宜向患者说明的，应当向患者的近亲属说明，并取得其明确同意。”因此，在一般情况下，对医疗行为的知情选择权由患者自己行使，但在不能或者不宜向患者说明的特殊情况下，尽管有时患者本人具有民事行为能力，近亲属仍成为患者行使知情权的权利主体，替代患者作出选择，此时近亲属能否尽心尽责地为患者作出理性选择，直接关系患者的生命健康，因此有必要对近亲属的范围进行界定。

一、近亲属的范围

我国《民法典》第 1045 条第 2 款规定，配偶、父母、子女、兄弟姐妹、祖父母、外祖父母、孙子女、外孙子女为近亲属。同时，该条第3款规定，配偶、父母、子女和其他共同生活的近亲属为家庭成员。另外，我国《民法典》规定，无民事行为能力人、限制民事行为能力人的监护人是其法定代理人，而且对法定监护人也进行了规定，并规定了可以自行确定意定监护人，即具有完全民事行为能力的成年人，可以与其近亲属、其他愿意担任监护人的个人或者组织事先协商，以书面形式确定自己的监护人，在自己丧失或者部分丧失民事行为能力时，由该监护人履行监护职责。

如果患者为无民事行为能力人或限制民事行为能力人并确定了监护人，应当向其监护人或监护人委托的人进行告知；如果患者为完全民事行为能力人或者暂时丧失民事行为能力（如麻醉、手术或疾病昏迷），那么可以向患者事先意定的监护人或授权的近亲属告知；如果不能或不宜向患者说明，或者患者暂时因病或麻醉丧失民事行为能力但没有授权委托，那么在近亲属中应当优先告知其配偶、父母、子女和其他共同生活的近亲属等家庭成员；如果其家庭成员客观上无法告知，那么也可告知其他近亲属。

二、没有近亲属及“三无”人员履行医疗说明义务的对象

实践中会经常遇到患者没有近亲属在场或者身份不明、居住地或单位不详，也无家属及陪同人员的“三无”患者等情况，在患者没有事先授权他人或者意定监护人的情况下，此时如患者完全或者部分丧失民事行为能力，应向谁进行医疗告知？由于监护制度是我国民法的重要制度，监护制度是以家庭监护为基础，以

社会监护为补充，以国家监护为兜底，对此，《民法典》第 32 条也规定，没有依法具有监护资格的人的，监护人由民政部门担任，也可以由具备履行监护职责条件的被监护人住所地的居民委员会、村民委员会担任，故当医务人员遇到没有完全民事行为能力的患者无近亲属时，可以向民政部门或相关居民委员会、村民委员会履行医疗说明义务。

三、实践建议

在医疗实践中，为了更好地履行医疗说明义务，特提出以下四个方面的建议。

第一，对于具有完全民事行为能力的患者，应尽早签署《授权委托书》，以便在出现病情变化或因手术的正常治疗需要而丧失民事行为能力时，或者因病痛等原因难以行使民事行为时，或近亲属之间意见不一致时，能够确定谁有权决定。

第二，如果患者就诊时已没有民事行为能力，那么应尽早查明其近亲属情况，并可让近亲属共同推举一人或数人代为履行知情选择的权利，如无法形成推举意见，那么应尽量向其配偶、父母、子女等家庭成员告知。

第三，如无法查清患者近亲属情况，此时若患者神志清楚，那么需让患者授权委托其领导、同事、朋友、同学等关系人担任其代理人，并了解其村民委员会或居民委员会以及单位的情况，以便在患者丧失民事行为能力时有人代为行使相关权利。若患者就诊时已无完全民事行为能力，那么可由送诊人暂代为行使知情同意权，同时可通过公安部门等途径查找其社会关系，待查清相关事实后再向近亲属补充告知，如送诊人为人道救助或不愿意签署相关意见，那么应注明相关情况。

第四，如果遇到抢救生命垂危的患者等紧急情况且不能取得患者意见，也不能取得患者近亲属意见时，那么根据《民法典》第 1220 条的规定，医务人员经医疗机构负责人或者授权的负责人批准后，应立即实施相应医疗措施。

问题 16　医师怎么判断《民法典》规定的“不能或者不宜向患者说明”？

我国《民法典》第 1219 条除规定了医务人员的一般告知对象为患者本人外，还规定了在特殊情况下，患者近亲属可以替代本人成为知情同意权利的主体，即“不能或者不宜向患者说明的，应当向患者的近亲属说明，并取得其明确同意”。对于“不能”或者“不宜”的具体情形，目前法律法规中并未予以明确，在临床实践中因知情同意权主体不明确导致医务人员错误履行告知义务而引发的纠纷时有发生。曾有一案例，某患者入院后确诊为乳腺癌，医师未告知患者本人实情而是选择将相关病情及手术方案等情况告知患者的丈夫，其丈夫签字同意手术，术后患者以侵害其知情同意权为由将医院告上法庭。另有某患者在医院查出患有胃癌并进行手术治疗，后来其在医院治疗期间坠楼身亡。家属主张医师将病情告知患者本人不当，且未尽安全保障义务导致了患者死亡，要求医院予以赔偿。可见，正确理解“不能”和“不宜”的内涵，了解“不能”和“不宜”的几种常见情形对医务人员灵活判断是否属于向患者近亲属告知的特殊情况十分必要。

一、如何理解“不能”

与原《侵权责任法》第 55 条第 1 款规定相比，《民法典》第 1219 条的规定中特意增加了“不能”的情况，旨在将其与“不宜”的情形明确区分。现行《病历书写基本规范》第 10 条规定，

“对需取得患者书面同意方可进行的医疗活动，应当由患者本人签署知情同意书。患者不具备完全民事行为能力时，应当由其法定代理人签字；患者因病无法签字时，应当由其授权的人员签字；为抢救患者，在法定代理人或被授权人无法及时签字的情况下，可由医疗机构负责人或者授权的负责人签字。因实施保护性医疗措施不宜向患者说明情况的，应当将有关情况告知患者近亲属，由患者近亲属签署知情同意书，并及时记录。患者无近亲属的或者患者近亲属无法签署同意书的，由患者的法定代理人或者关系人签署同意书”。该规范虽然与 2021 年开始实施的《民法典》相比，存在一定的滞后之处，但仍可以据此窥探出“不能”和“不宜”情形的大致区别。“不能”向患者告知主要是指患者昏迷或由于生理、精神状态无法作出有效判断，即缺乏知情同意的能力，属于客观不能；“不宜”向患者告知是指医务人员的如实告知可能会对患者造成损害，出于保护患者的目的，将告知的对象转为近亲属，通常指保护性医疗措施，该情况一般需要医务人员主观判断。

“不能”向患者告知的情形又可以分为两类，即患者自始缺乏知情同意能力以及患者因疾病缺乏知情同意能力。前者是指无民事行为能力人和限制民事行为能力人，根据《民法典》的规定，未满 8 周岁的未成年人或无法辨认自己行为的成年人属于无民事行为能力人，而年满 8 周岁的未成年人（以自己的劳动收入为主要生活来源的 16 周岁以上的未成年人除外）和不能完全辨认自己行为的成年人则属于限制民事行为能力人；后者是指因疾病原因缺乏知情同意能力的患者，主要指处于意识不清醒（包括暂时醉酒状态）或植物生存状态下的患者、处于紧急危重情况的患者等，同时包括因疾病剧烈疼痛或极度虚弱而本人根本无法行使知情同意的患者。针对不具有完全民事行为能力的患者，理论上应当根据《民法典》关于监护制度的规定由患者的监护人作为法定代理人行使患者的知情同意等权利，但鉴于临床情况的特殊性和疾病治疗的时限性等，《民法典》对此特别规定医务人员在“不能”向患者说明时向患者的“近亲属”说明而不仅限于“监护人”，但是根据《民法典》第1008条的规定，如为参加临床试验，则只能向受试者或者受试者的监护人告知试验目的、用途和可能产生的风险等详细情况，而不能向受试者监护人以外的其他近亲属告知。值得注意的是，限制民事行为能力人是可以在一定程度内实施与自己智力、精神状况相适应的民事行为并承担行为后果的，判断限制民事行为能力人是否具有知情同意能力的标准为其本人是否能够完全无误地理解医务人员告知的信息及一系列的医疗措施，因此，医务人员可以根据实际情况向限制民事行为能力人同时履行相应的告知义务。

二、如何理解“不宜”

“不宜”一词本身具有一定的感情色彩，是医务人员坚持以患者生命健康利益为核心的宗旨在履行告知义务时所作的考量，一般用于保护性医疗措施，即为了避免心理难以承受的患者在了解真实病情后产生负面情绪不利于治愈疾病，向其隐瞒病情，让患者在一种稳定的情绪状态下接受治疗、治愈疾病的医疗行为。专家认为此种情形必须综合患者所患疾病及患者的心理状态两方面进行考虑，包括所患疾病预后不良且足以危害生命、需要进行风险较高的治疗手段、患者处于焦虑或抑郁状态、心理承受能力较弱等多种因素。但由于“不宜”向患者告知的判断标准并不明确且医务人员往往不能掌握足够的信息，实践中保护性医疗措施往往存在不当运用的情形。同时，保护性医疗措施的使用应当具备一定的时间界限，如在患者接受诊疗的初期，经医务人员综合考虑后认为属于“不宜”向患者告知的情形，可以暂时向患者隐瞒病情，但如患者积极配合治疗后有恢复健康的倾向，或结合其平时的心理素质认为其可以承受病症的实际情况，此时保护性医疗措施应当解除，从而恢复患者本人的知情同意权。

三、对老年患者的告知

关于对老年患者的医疗说明问题，即便老年患者并没有证据证明其为无民事行为能力人或限制民事行为能力人，而且处于非昏迷或急危状态，也不适用保护性医疗措施，此时是否属于“不能”或“不宜”向其本人告知的情形，实践中并不是很容易区分和确定。在临床医疗中，部分老年患者确实存在对所患疾病的情况、治疗方案和风险等医疗问题理解上的困难，为了减少告知对象错误，实践中一般向患者本人及其近亲属同时告知，并采取“双签字”确认的方式表示知情同意，从而降低医务人员的执业风险。当然，国家还应尽快出台相关司法解释，针对“不能”或者“不宜”向患者告知的具体情形的判断标准予以明确，以指导医务人员的执业活动，避免因告知不当而产生纠纷。

问题 17　履行医疗说明义务时，应具体说明哪些内容？

《民法典》第 1219 条规定了医务人员的说明义务，包括一般诊疗活动的说明义务和特殊诊疗活动的说明义务。该条文内容源于原《侵权责任法》第 55 条，只是在第二种情形中，即医务人员开展特殊诊疗活动的说明义务较原《侵权责任法》第 55 条增加了“具体”二字。那么“具体说明”包括哪些内容？“具体”的程度如何把握？我国现行法律法规及医疗、司法实践并没有明确统一的标准，有必要从理论和实践中寻找答案。

一、“具体说明”的内容范围

根据《民法典》第 1219 条的规定，医务人员应当履行说明义务的范围分为两类：第一类是诊疗活动中应当说明的病情和医疗措施；第二类是需要实施手术、特殊检查、特殊治疗的，应当及时向患者具体说明医疗风险、替代医疗方案等情况。

《医疗机构管理条例实施细则》第 88 条对相关概念进行了明确，其中诊疗活动是指通过各种检查，使用药物、器械及手术等方法，对疾病作出判断和消除疾病、缓解病情、减轻痛苦、改善功能、延长生命、帮助患者恢复健康的活动。特殊检查、特殊治疗是指具有下列情形之一的诊断、治疗活动：有一定危险性，可能产生不良后果的检查和治疗；由于患者体质特殊或者病情危笃，可能对患者产生不良后果和危险的检查和治疗；临床试验性检查和治疗；收费可能对患者造成较大经济负担的检查和治疗。

根据法律条文的规定，第二类应当履行说明义务的范围包括病情、医疗措施、医疗风险、替代医疗方案等内容。要求医务人员告知说明的事项要明确、具体、不抽象，要有医疗相关的细节。具体来说，病情包括疾病的诊断、严重程度、预后等内容。医疗措施包括诊疗等各种方案的利弊分析，根据患者的实际情况拟采用的诊疗方案，该诊疗方案的目的和必要性、预期的效果、医疗费用等。医疗风险包括医疗行为可能出现的并发症、不良结果等风险，一般有以下三种：第一种为现有医学水平可以预见且可以回避的风险；第二种为现有医学水平可以预见但难以回避的风险；第三种为现有医学水平难以预见的风险。[①] 替代医疗方案包括是否有其他可选的手术、检查、治疗方案及其利弊分析。

其他法律法规中对医务人员特殊诊疗活动中告知内容的规定也属于医务人员应“具体说明”的范围，如《医疗机构临床用血管理办法》第 21 条第 1 款规定，“在输血治疗前，医师应当向患者或者其近亲属说明输血目的、方式和风险，并签署临床输血治疗知情同意书”。《医疗美容服务管理办法》第 19 条第 1 句规定，“执业医师对就医者实施治疗前，必须向就医者本人或亲属书面告知治疗的适应症、禁忌症、医疗风险和注意事项等，并取得就医者本人或监护人的签字同意”。

除法律法规规定外，学界对医务人员的说明范围也进行了讨论和补充。如有学者提出，医疗机构告知义务的范围主要是对患

---

① 参见刘鑫、张宝珠、陈特主编：《侵权责任法“医疗损害责任”条文深度解读与案例剖析》，人民军医出版社 2010 年版，第 101 页。

者作出决定具有决定性影响的信息。这些信息包括：（1）医疗机构的医疗水平、设备技术状况等；（2）患者的病情以及医疗机构的检查、诊断方案；（3）转医或转诊的告知义务。[①]

二、“具体说明”的具体程度

医务人员向患者进行说明的目的是使患方知悉他作出自主决定所需要的医学信息，而实践中具体患方的理解能力有很大差别。此外，具体医师掌握的信息量也不可能一样，所以哪些内容应该向患者说明，应具体到什么程度，并不能一概而论，这决定了判断标准不是一个绝对客观的标准。

学术界关于医务人员说明义务判断标准的讨论，即应说明到什么程度才算充分、适当，基于不同的观察视角，有以下几种观点：

1. 合理医师标准说。该说是早期美国判例法中广泛采取的标准，是以一个合乎理性的一般医师在临床中处于相同或相似的条件下所作说明的程度和范围作为说明义务的判断标准。这种判断标准需要比较专业的医学知识，是否需要说明属于医学上的判断，所以医师的判断一般优于患者的意思。

2. 合理患者标准说。该说认为，医师的说明应当以通常情况下处于患者相同或相似状况下的一般人在作出自我决定时所重视的医学信息为标准。知情同意理论中患方的同意必须是在充分知悉相关医学信息基础上的同意才有效，所以医务人员的说明应以合理患

① 参见杨立新、袁雪石：《论医疗机构违反告知义务的医疗侵权责任》，载《河北法学》2006 年第 12 期。

者在决定时视为重要的信息为判断标准，而不是纯医学上的判断。

3. 具体患者标准说。该说认为，医师说明义务的标准应就具体的患者而决定，凡是根据患者具体的年龄、经济状况、信仰等情况，可以确知某些特殊医疗信息（不一定是一般医师所应告知的信息）与患者利益相结合而为患方所重视，医方对该特殊医疗信息也应当具有说明的义务。

4. 二重标准说。二重标准说又称为折中说，最初由日本新美育文教授提出，该说赞成具体患者标准说的判断方法，这种方法有利于促进医患之间的沟通，可以更好地保护患者的知情同意权，但是该说也过高地加重了医务人员的说明负担，不符合法律公平的理念。所以该说又强调只有当具体的医务人员可以预见具体患者在主观上所重视的特殊医疗信息（且该信息很可能影响患者的最终决定）时，该医师才应当对此信息承担说明义务，而且应以合理医师的标准来判断具体的医师对该特殊义务是否应当预见，从而根据以上两方面的考量来判断具体医师应承担的说明义务的范围和程度。①

《民法典》第 1219 条对医务人员的说明义务提出“具体说明”的要求，更加明确了以患者为中心的理念，这种理念也是《医疗纠纷预防和处理条例》第 9 条、《基本医疗卫生与健康促进法》第 3 条等法律法规的立法初心。因此，在理解和实践“具体说明”时建议参考二重标准说理论，医务人员向患者具体说明时应当满足合理医师对具体患者作出医疗选择决策时所需信息的范围和程度。

---

① 参见夏芸：《医疗事故赔偿法——来自日本法的启示》，法律出版社 2007 年版，第 376－390 页。

最后，作为医务人员在实施手术、特殊检查、特殊治疗时向患者及其近亲属作具体说明，应该体现在相关的知情同意书和医患之间的谈话中。知情同意书在描述有关医疗风险的时候，不能仅停留在概念层面，而是要对相关的医疗风险作必要的解释。在与患者或其近亲属谈话的时候，应当采取通俗易懂的方式，甚至用模型、画图演示的方式向患者说明，力图使患者理解医疗方案、替代医疗方案、医疗风险及面对风险出现采取的应对措施。

问题 18 在临床实践中“替代医疗方案”如何进行告知？

一、关于“替代医疗方案”

在医疗说明义务履行中，目前立法及司法解释中对“替代医疗方案”的概念和法定告知的范围、程度以及边界路径不够清晰明确，仅有 2010 年《浙江省高级人民法院民事审判第一庭关于审理医疗纠纷案件若干问题的意见（试行）》第 2 条第 1 款第 5 项中将替代医疗方案解释为“存在多种医疗方案且有较大风险”者，因此医疗实践中存在医师对“替代医疗方案”的理念欠缺，并对此向患方告知不足的情况，这也是造成医疗纠纷的重要因素之一。同时，医疗损害相关鉴定和审判对“替代医疗方案”告知侵权的认定也缺乏统一标准，因果关系和量化分析的自由裁量尺度不一，故“替代医疗方案”的告知问题已成为涉医纠纷中的热点之一。

随着《民法典》《基本医疗卫生与健康促进法》《医师法》等法律的实施，患者对医疗方案决策的知情同意权作为人格权利被加以确认，法律保护力度逐渐增强。医疗机构亟待思考如何完善医疗知情同意中的“替代医疗方案”，包括从形式到内容上的规制，并明确细化“替代医疗方案”的告知选择方式、告知内容、告知范围等，从而更好地保障患者的知情同意选择权。

二、案例和法律分析

患者秦某到某医疗机构就诊后死亡，患方将该医院诉至法院，

2019 年 9 月某法院一审判决认为：患者为一例复杂冠状动脉病变病例，在手术期治疗方案制订前，医院未对患者的临床及影像学资料进行全面评估，对血运重建再灌注治疗策略的选择，如造影后即刻经皮腔内冠状动脉成形术（PCI）或择期 PCI 或冠状动脉旁路移植术（CABG），未及时履行具体明确的“替代医疗方案”的告知义务，致使患者在治疗风险高、近远期疗效不满意、经济承受能力差、对医疗风险不知情的情况下，选择造影后即刻 PCI，术后当日死亡。该医院存在实体医疗侵权及未按法律规定履行告知患者有其他可替代医疗方案的义务，应认定存在医疗侵权的明确过错。该医院不服，认为患者病情危重，即使选择其他治疗方式，预后均凶险，医院未告知替代医疗方案的过错与患者死亡后果之间不存在因果关系，遂提起上诉。二审法院认定，医院“进行手术前，未尽告知被上诉人可选择其他医疗方案的义务，而直接对患者采用 PCI，导致被上诉人无法根据患者的实际情况选择最佳诊疗方案”。最终二审终审判决，医院存在医疗过错及告知过错，考虑患者自身疾病的严重程度，一次性赔偿原告 17 万余元。

《民法典》第 1219 条第 1 款规定，“需要实施手术、特殊检查、特殊治疗的，医务人员应当及时向患者具体说明医疗风险、替代医疗方案等情况，并取得其明确同意”，故《民法典》明确规定了临床医疗行为中替代医疗方案的告知义务。从患方角度来看，替代医疗方案应有详细告知内容且应及时、具体、明确，在进行手术、特殊检查、特殊治疗等医疗行为实施前，医务人员须充分尊重并履行可选择或替代医疗方案的告知义务，患方对医方拟实施的医疗方案有知情同意或否决权，对被告知的可替代医疗方案有选择或放弃权。但是，由于医学专业分类越来越细化，不同的专业（或亚专业）的治疗方案越来越精细，医师告知其他专业的“替代医疗方案”也存在客观上的困难。因此，替代医疗方案的告知内容应当是告知医师了解的且对患方的决策和选择有实质性影响的事项，同时具体详细内容还需由患方向替代医疗方案相关专科医师咨询了解。

三、建议

（一）熟知“替代医疗方案”

医师需根据患者的病情，从“循证医学”（evidence - based medicine）角度出发，根据临床技术指南、权威专家共识等诊疗规范，结合医院各科室和专业团队已开展和能够开展的医疗技术最优综合能力，选择适合患者的疗效确定、技术成熟的医疗措施和替代医疗方案。故医师应熟知替代医疗方案，包括但不局限于本医院、本专业、本地区已开展或未开展的确定成熟的治疗技术，以及需要通过转诊而实现的治疗措施方案。另外，尚处于学术讨论及试验阶段的治疗方案，不是成熟的医疗技术，不宜作为“替代医疗方案”告知。

（二）告知相关治疗方案

主要包括：（1）针对患者疾病的各种治疗方案及指征；（2）各种治疗方案的主要风险、利弊以及各种治疗方案的比较；（3）医务人员根据患者的病情，参照患者的期望、经济情况、风险承受能力等，推荐适合患者情况的治疗措施，同时书面告知替代医疗方案供患方选择。如没有可替代的医疗方案，可直接明确告知。

（三）紧急状态下的告知

当患者处于急诊急救时，可以综合考虑患者病情的紧急程度、患者个体差异、当地的医疗水平、医疗机构与医务人员资质等因素，以挽救患者生命健康为优先，推荐相应的治疗措施，同时告知相关替代医疗方案。

（四）针对具体患者的个性化告知

目前，各医疗机构提供的制式告知书一般为格式模板，司法实践普遍认为患方因此存在一定程度的选择被动性和盲目性，对老年、文盲、差异性理解表达能力弱等患者需有更强的司法保护。同时，模板式的告知对患者的具体病情也缺乏针对性，故在原有书面告知书的基础上，要根据患者的病情针对性、个性化告知。

问题19 什么是患方“明确同意”？“默示”能否作为患方的意思表示？

在医疗领域，知情同意权是患者知情权和同意权的合称。所谓知情权，是指患者在诊疗过程中所享有的知悉其病情、医疗措施和医疗风险的权利；所谓同意权，是指在临床上具有独立判断能力的患者，在医方告知其病情、诊疗措施、医疗风险、替代医疗方案等情况后，对医务人员拟采取的医疗措施自行决定取舍的权利。

特定的权利对应特定的义务。在诊疗活动中，患者知情权对医务人员而言是一种义务，这种义务被称为“说明义务”；对患者而言则是一种权利。法律赋予患者知情权，彰显对患者自主决定权的尊重，其核心是尊重患者的生命健康权，旨在保证患者平衡风险和医疗利益后自主决定的权利。因此，患者对医师拟实施的医疗措施作出抉择，是一项重大的民事法律行为。民事法律行为是通过意思表示作出的行为，所以民事法律行为的核心就是意思表示，没有意思表示就没有法律行为。《民法典》第1219条第1款规定，需要实施手术、特殊检查、特殊治疗的，医务人员应当及时向患者具体说明医疗风险、替代医疗方案等情况，并取得其明确同意；不能或者不宜向患者说明的，应当向患者的近亲属说明，并取得其明确同意。这里的“明确同意”就是患者自主作出的意思表示。如何正确理解“明确同意”，这种意思表示能否通过默示方式作出，也是临床关心的问题。

一、明确同意的概念

所谓患者明确同意，是指患者在对医疗机构及其医务人员拟对其采取的各种医疗措施、存在的风险、可能造成的各种后果等情况充分了解的基础上，作出的明白而确定的意思表示。这种意思表示必须明确具体，不能含糊不清、模棱两可，如同意做的是什么手术，手术的方式是传统的开放性手术还是微创手术或通过机器人手术，特殊检查是使用 CT、核磁、超声、X 光还是 PET/CT 检查，是根治性治疗还是姑息性治疗等。

二、明确同意的情形

《民法典》第 1219 条规定，“医务人员在诊疗活动中应当向患者说明病情和医疗措施。需要实施手术、特殊检查、特殊治疗的，医务人员应当及时向患者具体说明医疗风险、替代医疗方案等情况，并取得其明确同意；不能或者不宜向患者说明的，应当向患者的近亲属说明，并取得其明确同意。医务人员未尽到前款义务，造成患者损害的，医疗机构应当承担赔偿责任”。根据该条规定，患者应当作出明确同意意思表示的诊疗项目采取的是封闭式的列举方式，并没有采用“等”之类的表述，表明负有特殊说明义务和必须征得患者明确同意的情形只限于实施手术、特殊检查和特殊治疗三种情形，该三种情形在非紧急救治的情况下，不包括《民法典》第 1220 条、《医师法》第 27 条以及《最高人民法院关于审理医疗损害责任纠纷案件适用法律若干问题的解释》相关条文等“紧急救治”情况。

三、明确同意的前提

同意和知情是密不可分的，如果不知情而作出同意，实际上是不真实的意思表示，因而患者作出医疗决定的前提条件是，医疗机构及其医务人员首先要履行必要的说明义务。在非紧急救治情况下，对患者需要实施手术、特殊检查、特殊治疗的，医务人员不仅应当向患者说明病情和医疗措施，还应当及时向患者说明医疗风险、替代医疗方案等情况，而且对于医疗风险、替代医疗方案还要求具体说明。所谓具体说明，就是医务人员向患者提供的医疗风险、替代医疗方案等信息不抽象、不模糊、不笼统，只有这样患者才能作出明白而确定的判断，进而作出“明确同意”的意思表示，从而维护其自主决定权。

四、意思表示的形式

《民法典》第 140 条第 1 款规定，“行为人可以明示或者默示作出意思表示”。可见意思表示既可以明示的方式作出，也可以默示的方式作出。所谓明示的方式，是指行为人将内在意思明确地表达于外部，表意人可以通过语言或者文字的方式进行意思表示。默示的方式是指表意人虽然没有用语言或文字作出明确的表示，但以接受或实际履行或配合的行为方式作出意思表示。对需要手术、特殊检查、特殊治疗的，患者明确同意的意思表示需通过明示方式进行意思表示，这种明示并不限于书面形式，但不能通过默示的方式作出意思表示，对此有以下三点建议。

其一，医疗行为的特殊性决定了治病救人与侵袭损害始终并存，“是药三分毒”，更何况风险较高的手术、特殊检查、特殊治疗。因此，法律既要保障患者在正常情况下的诊疗，又要保护患者在特殊情况下的安全，明确规定了需要实施手术、特殊检查、特殊治疗的，应当取得患者明确同意，明确同意就应当通过明示的方式作出，虽然患者表达的方式存在差异，但通过明示的方式都能够明确地向医务人员作出意思表示。在这里，之所以强调患者只能以明示方式作出意思表示，一是“实施手术、特殊检查、特殊治疗”诊疗行为的高风险性，二是能够更进一步明确具体诊疗活动中患方的真实意思表示，这有利于减少纠纷，降低医疗法律风险。因此，鉴于手术、特殊检查、特殊治疗的特殊性，法律没有规定可以以默示的形式进行意思表示，患者意思表示应采取明示的方式，这种明示的方式可以是书面形式，也可以是其他可以予以固定的证据形式。

其二，默示的方式法律限制。行为人出于交易习惯，未通过语言或者文字明确表示意见，但以接受或实际履行或者配合等行为方式来表明已经接受的，便可认定为行为人以默示的方式作出了意思表示。根据《民法典》第 1219 条的规定，对需要手术、特殊检查、特殊治疗的患者而言，其明确同意的意思表示形式不包括默示，故不能以“默示的方式”作出同意。

其三，沉默不同于默示。默示是以行为的方式作出意思表示，但沉默是指行为人未作出任何意思表示，虽然原《最高人民法院关于贯彻执行〈中华人民共和国民法通则〉若干问题的意见（试行)》第 66 条规定了“不作为的默示”，但原《民法总则》便不再将沉默列为默示的形式，故沉默原则上不得作为意思表示的方式，只有在特定情形下才可作为意思表示，对此《民法典》第 140 条第 2 款规定，“沉默只有在有法律规定、当事人约定或者符合当事人之间的交易习惯时，才可以视为意思表示”，如《民法典》第 1124 条规定的继承人对是否放弃继承“没有表示的，视为接受继承”，此处法律规定了沉默的法律效力，而在《民法典》第 1219 条规定的情形中，明显不适用沉默的意思表示方式。

问题20　医疗机构是否需要为外国患者提供外文版本知情同意书？

一、外籍患者的沟通问题

我国改革开放40多年来，随着国际交流的增进，与外籍人士的交流越来越多，在临床上经常遇到外国患者来医院就诊，有研究显示，外籍患者就诊时，医患双方直接进行交流的约占40%，医院找翻译与外籍患者进行交流的约占26%，外籍患者找翻译与医院交流的约占30%，双方使用翻译软件进行交流的约占3%。[①]因此，外籍患者与医方的沟通交流存在障碍是一个普遍的问题，直接影响临床上医患沟通与医疗说明义务的履行。

国际上，美国大型医院的国际部往往设有翻译部门为来访病人提供专业、免费的口译服务，[②]日本先后开始实施医疗口译技能鉴定考试和医疗口译技能认定考试。[③]在我国，有的医疗机构也设立了自己的翻译中心。[④]那么外国患者来中国医院就诊，如何向其进行医疗说明？签署知情同意书时是否需要提供外文版本？

---

① 参见孙学文、卢果：《关于外籍人士在海南就医基本情况的调查》，载《法制博览》2016年第4期。

② 参见陈琳：《远程医疗咨询中医疗口译员角色分析》，对外经济贸易大学2016年硕士学位论文，第8页。

③ 参见盖横昊：《日本医疗口译考试对医学类院校公共外语课程设置的启示》，载《医学教育研究与实践》2020年第4期。

④ 参见王燕、王甜等：《医院中涉外医疗翻译的角色定位与行为规范》，载《现代医院》2008年第5期。

二、与外籍患者的沟通方法

我国《民法典》第 1219 条第 1 款规定，“医务人员在诊疗活动中应当向患者说明病情和医疗措施。需要实施手术、特殊检查、特殊治疗的，医务人员应当及时向患者具体说明医疗风险、替代医疗方案等情况，并取得其明确同意；不能或者不宜向患者说明的，应当向患者的近亲属说明，并取得其明确同意”。因此，医疗机构对患者依法具有告知说明义务，无论是国内患者还是外籍患者皆是如此。

由于我国通用语言文字是普通话和规范汉字，日常沟通交流使用普通话，我国普通话推广已经全面普及，故对于国内患者的语言文字交流和沟通，除偏远地区老年患者或少数民族语言地区的患者等少数患者外并不存在语言障碍而导致医患沟通困难。对于外国患者，如果其能熟练掌握中文或者配有翻译，那么医患沟通和医疗告知也不存在问题。但是，对于不能使用中文进行沟通交流且没有翻译辅助沟通的外籍患者而言，为了能够保障患者的权益，首先应当尽量让掌握该外籍患者母语或其听得懂的语言的医务人员与其沟通，如果缺少这种医务人员，那么尽量为其提供翻译帮助，对于了解中文但尚不熟练的外籍患者，必要时也可通过翻译软件提供帮助。

三、与外籍患者沟通的建议

对于知情同意书，如外籍患者能够理解汉字，那么不必再另行提供其他语言文字版本，如确实无法理解汉字且其家属也不能帮助其翻译和理解，为了更好地进行医患沟通，建议提供相关语言版本的知情同意书，知情同意书中同时载明中文和相应外文，并在知情同意书中载明如不同语言意思表示出现差异，应以中文版本为准，确保中文版知情同意书的法律效力。

随着国际交往的增多，对于医疗机构而言，必须认识到国际交流增进对医疗行为的影响，因此建议医疗机构应该增设医疗专业的外文翻译社会工作者，对医务从业人员进行相关专业的外文培训，同时对知情同意书制作相应的英文版等外语版本，以便外籍患者就诊时使用，践行“以患者为中心的服务理念”，切实保护患者的权利。

问题21 不能或者不宜向患者说明，但患者又无近亲属，医护人员如何进行医疗告知？

自1951年我国政务院颁布《医院诊所管理暂行条例》开始，我国《医师法》《医疗机构管理条例》《医疗事故处理条例》《民法典》等法律法规均规定了医师的说明义务。其中，《民法典》第1219条第1款规定，“医务人员在诊疗活动中应当向患者说明病情和医疗措施。需要实施手术、特殊检查、特殊治疗的，医务人员应当及时向患者具体说明医疗风险、替代医疗方案等情况，并取得其明确同意；不能或者不宜向患者说明的，应当向患者的近亲属说明，并取得其明确同意”。因此，说明义务是医务人员的法定义务，医务人员履行告知义务时，应当向患者进行说明，但不能或者不宜向患者说明的，应当向患者的近亲属说明。

在临床实践中，经常存在特殊的患者，如孤寡老人、“三无”人员、中国境内无家属和朋友的外国人等独自就诊的，或明确拒绝其近亲属为其行使知情同意权的，当这些患者意识丧失或者处于麻醉状态时，医务人员应当如何履行说明义务？

一、如何向没有近亲属的独自就诊患者履行告知义务

孤寡老人、“三无”人员、中国境内无家属和朋友的外国人等独自就诊的，由于没有近亲属，首先需判断其是否具有相应的民事行为能力。若患者年满18周岁，神志清楚，具有理解和判断能力，那么向患者本人或者患者委托代理人进行说明告知即可，但

由于其独自就诊，如遇疾病就诊过程中出现麻醉、昏迷等行为能力丧失的情况，则需要其委托他人代为履行知情同意，故应尽量让该独自就诊的患者委托他人代为行使知情同意的权利。

若上述独自就诊的患者不满18周岁，或者神志不清、缺乏理解和判断能力，首先让其提供近亲属或者监护人信息，如无法提供则可通过其现有信息寻求公安部门帮助。如独自就诊的患者为限制民事行为能力人，可告知与其智力、精神健康状况相适应的事项，在联系上其近亲属或者监护人之前，根据病情向本人进行通俗易懂的说明告知。如患者出现危及生命的紧急救治情况，可根据《民法典》第1220条的规定，经医疗机构负责人或者授权的负责人批准，可以立即实施相应的医疗措施。

二、面对明确拒绝近亲属行使知情同意权的患者，应当如何履行告知义务

对于明确拒绝近亲属行使知情同意权的患者，若患者年满18周岁，具有完全民事行为能力，则应当向患者本人进行说明告知，并尊重患者本人的意见，同时建议患者另行委托其认可的第三人代为行使知情同意的权利。

若患者不满18周岁，或者不具有完全民事行为能力，虽然其相关民事权利由其监护人实施，但其行为如与其年龄、智力、精神健康状况相适应，可以发生效力，如明显与其年龄、智力、精神健康状况不相适应时，则不具有法律效力。由于医疗行为并不是简单地纯获利益或者可以作出简单判断的事项，实践中仍倾向于向其监护人进行医疗说明，在患者明确拒绝监护人以外的其他近亲属时，应尊重患者的意见。

若病情需要实施手术、特殊检查和特殊治疗，但患者拒绝其近亲属行使知情同意权利，在患者生命垂危并且丧失民事行为能力等紧急情况下，应视为“不能取得患者或者其近亲属意见”的情形，经医疗机构负责人或者授权的负责人批准，可以立即实施相应的医疗措施。

三、面对意识丧失或者处于麻醉状态的患者，应当如何履行告知义务

对于意识丧失或者处于麻醉状态的患者，属于不能向患者本人告知的情形，应当向其近亲属或者委托代理人进行告知。若存在抢救生命垂危的患者等紧急情况，但又不能取得患者或者其近亲属意见的，包括近亲属不明的、不能及时联系到近亲属的、近亲属拒绝发表意见的、近亲属达不成一致意见的、法律及法规规定的其他情形，此时应根据《民法典》第 1220 条的规定，经医疗机构负责人或者授权的负责人批准，可以立即实施相应的医疗措施。

问题 22 患者昏迷或丧失民事行为能力，又无法与近亲属取得联系，医护人员如何告知？

《民法典》第 1219 条第 1 款规定，医务人员在诊疗活动中应当向患者说明病情和医疗措施。需要实施手术、特殊检查、特殊治疗的，医务人员应当及时向患者具体说明医疗风险、替代医疗方案等情况，并取得其明确同意；不能或者不宜向患者说明的，应当向患者的近亲属说明，并取得其明确同意。但在临床实践中，如患者昏迷等无法自主表达意志或丧失民事行为能力，但也无法及时与其近亲属取得联系，此时应如何向患方告知？同时，这类患者往往是由其朋友、同学、同事或者警察、路人、交通肇事对方送诊，此时能否向这些陪同就诊的人员告知？

一、立法现状及分析

《民法典》第 1219 条明确规定，不能或者不宜向患者说明的，应当向患者的近亲属说明，但是《医疗机构投诉管理办法》第 20 条第 2 款规定，“医患沟通中有关诊疗情况的重要内容应当及时、完整、准确记入病历，并由患者签字确认”，第 47 条同时规定，“本办法所称患者，包括患者及其近亲属、委托代理人、法定代理人、陪同患者就医人员等有关人员”。故该部门规章明确了医患沟通中有关诊疗情况的重要内容也可以向包括陪同患者就医人员在内的关系人告知。对此，我们应当正确理解《民法典》第 1219 条和《医疗机构投诉管理办法》第 20 条第 2 款及第 47 条的关系。

根据《立法法》第99条第1款规定，“法律的效力高于行政法规、地方性法规、规章”，《民法典》的法律效力明显高于《医疗机构投诉管理办法》，但是他们之间不同的内容规定是相互矛盾还是相互补充，是需要商榷的。在《民法典》第1219条的规定中，其对告知是有顺序要求的，首先应告知患者及其委托的代理人，只有不能或不宜告知患者时，才向其近亲属告知。《医疗机构投诉管理办法》第20条第2款规定“由患者签字确认”的“患者”，在第47条中规定为“包括患者及其近亲属、委托代理人、法定代理人、陪同患者就医人员等有关人员”，结合《民法典》等法律规定，应首先告知患者，其次才是近亲属、委托代理人、法定代理人，最后才是陪同患者就医人员等有关人员。因此，《医疗机构投诉管理办法》规定的“陪同患者就医人员”是对《民法典》近亲属不在场等特殊情况时的告知对象的补充，目的是保障患者的权利，不宜以此认为与《民法典》规定的内容相矛盾、相冲突。

二、意见与建议

由于法律对此的规定尚需进一步明确，在临床实践中遇到此种情况时，有以下五点建议。

第一，首先要判断患者的状态是否能够行使民事权利，如尽管患者病情危重但神志清楚，且为完全民事行为能力人，需先征求患者本人的意见。

第二，如判断患者无法表达自己的意志，那么应立即通过各种途径联系其近亲属，如现有条件无法取得联系，可通过公安部门协助联系。

第三，如与患者近亲属取得联系，且近亲属能及时来到现场，那么应让其尽快到现场并向其告知，如无法及时来到现场或来到现场将耽误患者的救治，可以在电话中告知并做好录音，待其近亲属来到现场后补签知情同意书。

第四，如判断患者昏迷，已无法表达自己的意志，并且穷尽相关手段仍无法及时与患者近亲属取得联系，可以先向陪同就医的人员告知并让其签字确认，并在病历上进行记录明确。如紧急情况需抢救生命垂危的患者，则还应根据《民法典》第 1220 条的规定，由医疗机构负责人或者授权的负责人批准后实施相应的医疗措施。同时，还应积极联系患者近亲属，如能取得联系，那么应再次向其近亲属告知有关诊疗事项，并由其近亲属签字确认。

第五，无论患者清醒与否以及近亲属是否在场，如陪同就诊的人员中，存在涉及工伤或交通事故等第三方因素需陪同就医的人垫付费用的情况，由于此时涉及该陪同就诊人员的利益，医院需向垫付费用的人员告知患者病情危重情况和预期治疗费用，并由垫付费用的人员签名，但告知时应注意对患者隐私和个人敏感信息的保护。

第四章

病历书写管理

问题23　手术录像属不属于病历?

一、相关案例

患者姜某因主动脉穿透性溃疡等疾病入某医院住院治疗，根据病情行主动脉穿透性溃疡腔内修复、左侧锁骨下动脉支架植入等手术，过程顺利，但患者术后麻醉恢复慢，约50min后仅可呼唤睁眼，考虑不可完全除外脑卒中，急行头CT未见明显新发病灶，因患者出现昏迷，考虑脑干梗死可能性大，经家属签字同意后予以爱通立静脉溶栓。后复查头部CT示新发大片脑梗死及脑出血，同时患者病情继续恶化，经积极抢救无效死亡。尸体解剖结论为：动脉粥样硬化症患者，因脑干及左侧小脑半球大面积脑梗死、左侧小脑出血、左侧蛛网膜下腔出血，导致循环呼吸功能衰竭死亡。

在法院审理过程中，法院委托某鉴定机构进行医疗损害鉴定。该鉴定机构复函称，鉴定过程中需要该介入手术光盘作为鉴定检材。法院向某医院询问是否可恢复数据，某医院表示介入操作录像数据已经被覆盖，无法恢复介入手术录像数据。患方主张尸检报告中的手术支架位置与某医院提交的手术记录不符，故不同意将手术记录作为鉴定依据，坚决要求某医院提交介入手术录像作为检材后才同意启动鉴定程序。因此，鉴定机构终止鉴定。

法院审理后认为，根据《电子病历应用管理规范（试行）》的规定，电子病历系由信息系统生成的数字化信息，而介入操作录像属于电子资料，不属于电子病历的范畴，医疗机构为患者提供介入操作录像并非法定强制性义务。另尸检报告中认定支架位置正常，根据现有证据无法认定手术记录与尸检报告不符。由于患方未举证证明某医院在对患者的诊疗行为中存在过错，判令驳回患方的诉讼请求。[①]

二、手术录像的法律性质

（一）病历的界定

《病历书写基本规范》第 1 条规定，病历是指医务人员在医疗活动过程中形成的文字、符号、图表、影像、切片等资料的总和，包括门（急）诊病历和住院病历。《电子病历应用管理规范（试行）》第 3 条规定，电子病历是指医务人员在医疗活动过程中，使用信息系统生成的文字、符号、图表、图形、数字、影像等数字化信息，并能实现存储、管理、传输和重现的医疗记录，是病历的一种记录形式，包括门（急）诊病历和住院病历。第 21 条规定，医疗机构应当为申请人提供电子病历的复制服务。医疗机构可以提供电子版或打印版病历。复制的电子病历文档应当可供独立读取，打印的电子病历纸质版应当加盖医疗机构病历管理专用章。

根据上述规定，病历资料包括医疗机构保管的门诊病历、住院志、体温单、医嘱单、检验报告、医学影像检查资料、特殊检查（治疗）同意书、手术同意书、手术及麻醉记录、病理资料、护理记录、出院记录以及国务院卫生行政主管部门规定的其他病历资料。

① 参见北京市第二中级人民法院民事判决书，（2022）京 02 民终 774 号。

（二）手术录像不属于病历资料

1. 法律法规未将手术录像纳入病历范畴

《电子病历应用管理规范（试行）》第 21 条中规定，医疗机构应当为申请人提供电子病历的复制服务；第 22 条规定，有条件的医疗机构可以为患者提供医学影像检查图像、手术录像、介入操作录像等电子资料复制服务。同时，手术操作涉及医师的技术技巧等相关知识产权以及患者的肖像权及隐私权等，因此，法律法规并没有将手术录像、介入操作录像纳入病历范畴，“手术录像、介入操作录像”仅属于电子资料，而并不是电子病历，前述案例也以此作出认定。

2. 为患方提供手术录像并非医疗机构法定强制性义务

《医疗纠纷预防和处理条例》第 16 条第 1 款规定：“患者有权查阅、复制其门诊病历、住院志、体温单、医嘱单、化验单（检验报告）、医学影像检查资料、特殊检查同意书、手术同意书、手术及麻醉记录、病理资料、护理记录、医疗费用以及国务院卫生主管部门规定的其他属于病历的全部资料。”同时如前所述，国务院卫生主管部门的规定仅将手术录像、介入操作录像定性为“电子资料”而并不属于电子病历的范畴，因此，患者有权查阅、复制的资料中不包含手术录像。虽然《电子病历应用管理规范（试行）》第 22 条规定，有条件的医疗机构可以为患者提供医学影像检查图像、手术录像、介入操作录像等电子资料复制服务，但并不属于“应当提供”的强制性义务。

（三）医院无法提供手术录像，不应推定医疗过错

《民法典》第 1218 条规定，患者在诊疗活动中受到损害，医疗机构或者其医务人员有过错的，由医疗机构承担赔偿责任。第 1222 条规定，患者在诊疗活动中受到损害，有下列情形之一的，推定医疗机构有过错：（1）违反法律、行政法规、规章以及其他有关诊疗规范的规定；（2）隐匿或者拒绝提供与纠纷有关的病历资料；（3）遗失、伪造、篡改或者违法销毁病历资料。由于手术录像并不属于病历，医疗机构不具有《医疗机构病历管理规定》规定的保管义务，而且医疗机构依法也不具有强制提供的义务，故医院无法提供手术录像，不应推定医疗过错。

三、关于手术录像管理的建议

手术录像可能会侵犯患者的隐私等权利，还会泄露手术技术特长等秘密，同时手术录像又缺少技术规范，对录像的角度、质量、部位、方法均缺少统一的标准，且如果手术录像与病历记录不一致也会引发纠纷。因此，手术录像的管理非常重要，但法律对手术录像等电子资料未纳入病历管理，也缺乏相关明确规定，故建议医院对此制定相关的规章制度，明确规定手术录像的条件情形、知情同意、技术要求、保存销毁、复制提供等具体事项，同时要强化基于手术录像的病历记录管理，减少病历真实性争议的发生。

问题 24　电子病历和纸质打印病历的关系是什么？

一、相关案例

患者丁某因椎间盘突出变性在某医院手术后，突发呼吸心跳骤停，经救治无效后死亡。患方认为双方于2011 年7 月22 日在某医院启封原7 月 11 日复印并封存的病历资料时，医方工作人员又加入了若干材料，现无法明确 7 月 22 日封存的病历中在原封存件中加插了哪些资料，导致病历的真实性和完整性发生争议而无法鉴定。医方认为其采用的全部都是电子病历，如果患方不同意使用封存的病历做鉴定材料，法院完全可依职权调取电子病历，故不存在“不如实提供病历”的情况。经一审、二审、高级人民法院再审、最高人民法院再审后，最高人民法院认为某医院已经封存的病历中加插材料的行为破坏了已封存病历的完整性、真实性和客观性，明显系故意篡改病历的行为，推定某医院有过错并承担赔偿责任，判决该医院赔偿患方 51 万余元。[①]

该案例中，虽然封存的纸质病历是从电子信息系统中打印的，纸质病历仅是电子病历的重现形式，但双方对电子病历的纸质打印病历进行了封存，意味着对电子病历进行了固定，故“未封存的电子病历”无法抗辩“封存的纸质病历”证据的效力。

① 参见最高人民法院民事判决书，（2016）最高法民再 285 号。

二、电子病历与纸质打印病历的关系

《病历书写基本规范》第 2 条规定，“病历书写是指医务人员通过问诊、查体、辅助检查、诊断、治疗、护理等医疗活动获得有关资料，并进行归纳、分析、整理形成医疗活动记录的行为”。第 31 条规定，“打印病历是指应用字处理软件编辑生成并打印的病历（如 Word 文档、WPS 文档等）。打印病历应当按照本规定的内容录入并及时打印，由相应医务人员手写签名”。因此，此处的纸质打印病历仅是普通病历的“纸质的书写形式”，并不符合《电子病历应用管理规范（试行）》第 3 条规定的电子病历的“数字化信息”记录的基本要求，故不属于电子病历。

在医疗实践中，早期的纸质打印病历是通过文字编辑系统书写，然后打印成纸质形式，再通过纸质病历进行管理，这种纸质打印病历完全属于普通纸质病历，不属于电子病历，常见于早期电子病历系统尚未建成或不完善时，现已基本退出历史舞台。随着电子病历信息系统的建立，电子病历使用和操作的便利性日益得到医疗机构及其医务人员的认可，纸质打印病历更多的是电子病历信息在纸质上的重现，对于这种电子病历的纸质重现，虽然有条件的医院直接通过电子签名的方式直接打印，有的医院则在纸质重现后再由医务人员签名，但其根源均是电子病历信息，故均属于电子病历。当然，电子病历除纸质病历重现方式外，还可以通过无纸化终端显示病历内容。由于此前纸质病历书写习惯和管理方式的惯性作用，同时电子病历信息系统尚需进一步完善，而且受电子病历的电子版阅读条件的限制等，目前国内大多数医院仍然采用电子病历档案与纸质病历档案双轨制的管理模式，即医院同时保存电子病历的电子版病案和纸质版病案，在相关管理中仍旧沿用此前纸质病历的管理方法。

电子病历是一种“数字化信息”的记录形式，这种记录形式可以通过各种方式重现，纸质打印病历作为电子病历重现方式之一，虽能体现电子病历的内容，但本身并不是电子病历。《电子病历应用管理规范（试行）》第 3 条规定，“电子病历是指医务人员在医疗活动过程中，使用信息系统生成的文字、符号、图表、图形、数字、影像等数字化信息，并能实现存储、管理、传输和重现的医疗记录，是病历的一种记录形式，包括门（急）诊病历和住院病历”，由于实践中电子病历往往以纸质形式呈现，“纸质病历的打印书写”与“电子病历纸质版”有时难以区分，与原《电子病历基本规范（试行）》第 3 条相比，删去了其中的第 2 款规定，即“使用文字处理软件编辑、打印的病历文档，不属于本规范所称的电子病历”。

三、电子病历信息的封存和复制

《电子病历应用管理规范（试行）》第 21 条规定，“医疗机构应当为申请人提供电子病历的复制服务。医疗机构可以提供电子版或打印版病历。复制的电子病历文档应当可供独立读取，打印的电子病历纸质版应当加盖医疗机构病历管理专用章”。第 23 条规定：“依法需要封存电子病历时，应当在医疗机构或者其委托代理人、患者或者其代理人双方共同在场的情况下，对电子病历共同进行确认，并进行复制后封存。封存的电子病历复制件可以是电子版；也可以对打印的纸质版进行复印，并加盖病案管理章后进行封存。”因此，电子病历可以纸质打印版或者电子版的形式进行封存复印，纸质打印版是电子病历封存和复制的方式之一。

四、电子病历管理中的相关问题

由于电子病历是纸质打印病历的信息源头，医疗机构对电子病历档案管理存在的问题，势必导致纸质打印病历的内容不规范。常见电子病历管理中的问题有以下几点。

（一）标识号码不统一

标识号码不统一表现为一些医院未按照国家卫生健康委员会的要求在建立电子病历系统时授予唯一的标识号码，并且任意使用病历编号、患者身份证号或社保卡号，甚至存在同一家医院内部电子病历标识号码与纸质病历编号不一致、医患双方持有的病历内容不统一的问题。

（二）电子签名不一致

如同一患者的电子病历中同一医师的电子签名与计算机打印的签名不一致，令患者误认为医院可随意篡改电子病历内容，进而质疑其原始性、真实性和可靠性。

（三）病历书写不规范

很多医疗机构因为有专科标准的病案模板，医师书写电子病历时进行复制粘贴，造成病历档案内容雷同，增加法律隐患。

（四）病历修改不规范

虽然医师可以依据《病历书写基本规范》《电子病历应用管

理规范（试行)》等规范修改病历，但是法律同时规定不得篡改、伪造病历，由于电子病历修改留有痕迹，如果不按规范进行修改将会使患方质疑，从而可能承担不利的法律后果。

（五）病历封存不及时

由于电子病历修改痕迹的还原需要复杂的程序，在发生医疗争议或纠纷后，患方往往会对此质疑，但一些医院并不按照规范要求在医患双方同时在场的情况下及时封存电子版的复制件或纸质版打印件等，导致对电子病历的真实性发生争议。

（六）隐私保护不完善

在患者隐私权保护方面，以往纸质病历的信息传播途径有限且相对可控，而电子数据的传播范围广、速度快、方式简便，如果防控不严，将导致患者隐私有泄露的风险，特别是电子病历的信息共享和科学研究，会使与患者的疾病相关的和无关的个人信息被他人获取。

五、电子病历管理的注意事项

在大数据信息化时代，电子病历是实现现代化病历管理的必然趋势，相比于纸质病历，电子病历的优势在于能够为医护人员和患者提供完整、实时的数据，通过校验、警告、提示等手段提示医护人员有关处方可能出现的问题，降低医疗差错、提高医疗质量。同时，电子病历能够传输和共享患者的医疗记录信息，提高工作效率，也为医疗管理和科研、医疗纠纷处理等提供参考数据源。电子病历可以通过数据分析、挖掘发现和归纳规律，进而指导和辅助临床的诊疗活动，为临床路径的建立提供依据。但是，伴随而来的电子病历的信息安全要求，对于各大医院均是挑战。

鉴于电子病历存在的一些问题，仅靠目前“电子病历”与其呈现方式之一的“纸质打印病历”双轨制管理模式，只能是临时之策，并不能彻底解决这些问题。因此，未来仍然需要国家有关部门出台法律法规保证电子病历的可用性和合法性，明确医务人员和患者的权利与义务，确保电子病历的真实性、公正性和可靠性，使电子病历和传统纸质病历一样具有法律上的证据效力，从而相互补充。同时，未来也只有实现电子病历的标准化，才能实现不同平台的电子病历管理系统、各类医学信息的无障碍交换，才能更好地通过信息化管理手段促进医学的研究和发展。

问题 25　医师能否修改病历？如何区分病历的修改与篡改？

病历是医学与法学研究及实务中一个非常重要的基础性概念，其定义较多，中国传统医学又将其称为病案、诊籍。据考证，我国最早的病历记录可追溯至殷墟出土的商代甲骨文，记录有疾首、疾目、疾齿、疾足、疾趾、疾身等对 21 种疾病的描述。[①]《医疗机构病历管理规定（2013 年版）》第 2 条将其定义为医务人员在医疗活动过程中形成的文字、符号、图表、影像、切片等资料的总和。根据不同的分类标准，病历又可分为门（急）诊病历和住院病历、纸质病历和电子病历、主观病历和客观病历等。

一、病历修改的规定

《医师法》第 24 条第 1 款规定：“医师实施医疗、预防、保健措施，签署有关医学证明文件，必须亲自诊查、调查，并按照规定及时填写病历等医学文书，不得隐匿、伪造、篡改或者擅自销毁病历等医学文书及有关资料。”同时，《病历书写基本规范》第 3 条、《中医病历书写基本规范》第 3 条、《电子病历应用管理规范（试行）》第 12 条也规定，医务人员书写病历应当客观、真实、准确、及时、完整、规范。因此，保证病历记录的真实性和完整性是病历书写的基本要求，如果在病历书写过程中或者书写

① 参见王阶主编：《中医病历书写基本规范》（第 1 版），科学技术文献出版社 2011 年版，第 4 页。

后发现存在各种错误，应当及时修改纠正。

“修改”在《现代汉语辞典》中的解释是改正文章、计划等里面的错误、缺点。[①] 对此，《病历书写基本规范》第 7 条第 1 款规定，“病历书写过程中出现错字时，应当用双线划在错字上，保留原记录清楚、可辨，并注明修改时间，修改人签名。不得采用刮、粘、涂等方法掩盖或去除原来的字迹”。第 2 款规定，“上级医务人员有审查修改下级医务人员书写的病历的责任”。第 8 条第 1 款、第 2 款规定，“病历应当按照规定的内容书写，并由相应医务人员签名。实习医务人员、试用期医务人员书写的病历，应当经过本医疗机构注册的医务人员审阅、修改并签名”。相应地，《中医病历书写基本规范》第 7 条也规定医务人员可以修改病历。《电子病历应用管理规范（试行）》第 16 条进一步规定了“电子病历系统应当设置医务人员书写、审阅、修改的权限和时限”，不仅对“病历书写”和“病历修改”进行了区分，而且明确了病历书写的权限和时限，也规定了修改的权限和时限；同时第 17 条还规定：“电子病历应当设置归档状态，医疗机构应当按照病历管理相关规定，在患者门（急）诊就诊结束或出院后，适时将电子病历转为归档状态。电子病历归档后原则上不得修改，特殊情况下确需修改的，经医疗机构医务部门批准后进行修改并保留修改痕迹。”即规定了电子病历归档前医师均有权修改。因此，无论是从保障病历真实性和完整性的立法目的，还是从现行的法律规定，医师都有修改病历的权利，同时法律对病历的修改规定了相关要

---

① 参见中国社会科学院语言研究所词典编辑室编：《现代汉语词典》（第 7 版），商务印书馆 2016 年版，第 1474 页。

求。例如，医师在其修改的权限和时限内，按照规定的规范要求修改并保存历次修改的痕迹，修改的内容可以是错别字、下级医师记录不当的内容等，进一步说明了医师的病历修改权利及要求。

二、病历修改与篡改

法律在规定医师有权修改病历的同时，也规定了医师不得篡改病历，对此《民法典》第1222条已作出规定，即患者在诊疗活动中受到损害，有“遗失、伪造、篡改或者违法销毁病历资料”情形的，推定医疗机构有过错。病历修改与病历篡改形式上都是在病历填写完成后对原有记录内容的改动，但是两者的法律性质以及处理却完全不同，主要区别在于：一是主观目的不同。修改的目的在于修正文字性错误，篡改的目的则是逃避责任或谋取不正当利益。[①] 二是改动的内容不同。病历修改还原事实，不掩盖已经采取的医疗行为，病历篡改则是掩盖事实，使病历记载失去客观性和真实性。三是表现形式不同。病历修改只能以法律允许的形式进行改动，病历篡改则可能采取任何刮、粘、涂等其他掩盖原有内容的形式。四是法律责任不同。病历修改不会引起法律责任，病历篡改则可能违反《医师法》《医疗事故处理条例》《医疗纠纷预防和处理条例》《处方管理办法》等法律规定而被追究法律责任。

从原理上说，“修改”是将病历中的笔误、错误等按照规定进行修正，使之正确。而“篡改、伪造、隐匿、毁灭”是指将真实的信息进行恶意掩盖或曲解，以逃避法律责任或者谋取不

① 参见张宗久、王振江主编：《医疗纠纷预防和处理条例释义》，中国民主法制出版社2019年版，第64页。

正当利益。[①] 但是，实践中仅见到原书写内容的改动，到底是把错的改成对的，还是把真的改成假的，并不是用原理就可以判断。对此，《第八次全国法院民事商事审判工作会议（民事部分）纪要》第 12 条中规定，“制作方对病历资料内容存在的明显矛盾或错误不能作出合理解释的，应承担相应的不利后果；病历仅存在错别字、未按病历规范格式书写等形式瑕疵的，不影响对病历资料真实性的认定”，因此司法实践中判断修改和篡改的操作标准往往是“合理解释”，并不是拘泥于改动的形式，如果对改动的内容无法作出合理性解释，那么可能会被认定为篡改，但如果改动的内容是可以作出合理性的解释或有相关依据，即便修改的形式存在瑕疵，也不影响对病历资料真实性的认定。

三、修改病历的注意事项

根据上述分析，修改病历是医务人员的权利，但是应当符合相关法律规范。因此，建议医务人员在进行病历记录时，首先，应当依据病历规范认真书写，书写完成后尽量不做修改或少修改；其次，应当在自己的修改权限和修改时限范围内修改相关病历；再次，一般在病历记录错误时才进行修改，对于不影响记录内容真实性的记载，不建议为了病例记录的完美性而进行修改，而且，对修改病历内容必须能够作出合理性解释，最好有相关客观检查记录等证据为修改依据，尽量避免无法作出合理解释的实质性变动；最后，修改的形式必须按照规范要求进行，并保留原来的记载内容。

---

① 参见张宗久主编：《医疗纠纷预防和处理条例案例解读》，中国民主法制出版社 2019 年版，第 142 页。

问题26　病历记录确有错误时，医疗机构如何处理?

病历是关于患者疾病发生、发展、诊断、治疗转归情况的系统记录，是临床医务人员根据问诊、体格检查、实验室检查和其他检查以及对病情的详细观察所获得的信息，经过归纳、分析、整理书写而成的医疗档案资料。电子病历是指医务人员在医疗活动过程中，使用医疗机构信息系统生成的文字、符号、图表、图形、数字、影像等数字化信息，并能实现存储、管理、传输和重现的医疗记录，是病历的一种记录形式。

病历不仅真实反映患者的病情，也直接反映医院医疗质量、医疗安全、医学学术及管理水平，可以为医疗、科研和教学提供宝贵的基础资料，也为医院管理提供不可缺少的医疗信息，同时是健康保健档案和医疗保险依据。在涉及医疗纠纷及诉讼时，病历是帮助判定法律责任的重要依据。

一、缺陷病历常见类型

根据《病历书写基本规范》《医疗机构病历管理规定（2013年版）》《电子病历应用管理规范（试行）》等相关规定，缺陷病历的常见类型如下：

1. 病案首页医疗信息未填写（空白首页）。

2. 血型书写错误。

3. 无入院记录。

4. 入院记录未在24小时内完成。

5. 首次病程记录未在患者入院后8小时内完成。

6. 首次病程记录中无病例特点、诊断依据、鉴别诊断或诊疗计划。

7. 患者入院24小时内无主治医务人员首次查房记录，72小时内无副主任以上职称的医务人员查房记录。

8. 医务人员未在交、接班后24小时内完成交、接班记录或无交、接班记录。

9. 24小时内未完成转出、转入记录或无转出、转入记录。

10. 对危重症者不按规定时间记录病程。

11. 疑难或危重病例无科主任或（副）主任医务人员查房记录。

12. 抢救记录中无参加者的姓名及上级医务人员意见。

13. 无特殊检查、特殊治疗及有创检查、操作知情同意书或无患者/家属、医务人员签字。

14. 非急诊手术无术前讨论记录。

15. 新开展的手术及大型手术无科主任或授权的上级医务人员签名确认。

16. 无麻醉记录。

17. 手术记录未在术后24小时内完成。

18. 无手术记录。

19. 植入体内的人工材料的条形码未粘贴在病历中。

20. 无死亡抢救记录。

21. 抢救记录未在抢救后6小时内完成。

22. 缺少死者家属同意尸检的意见及签字。

23. 缺少出院（死亡）记录或未按时完成出院（死亡）记录。

24. 无死亡病例讨论结果记录。

25. 产科无新生儿出院记录、无新生儿脚印及新生儿性别前后不符。

26. 缺少住院期间对诊断、治疗有重要价值的辅助检查报告。

27. 病历中摹仿或替他人签名。

28. 缺少病危（重）护理记录或整页病历记录，造成病案不完整。

二、病历填写的注意事项

1. 病历书写应遵循客观、真实、准确、及时、完整、规范的原则。

2. 纸质病历书写应当使用蓝黑签字笔、碳素签字笔。电子病历应由具有合法执业资格的医务人员书写。

3. 纸质病历中，血型、过敏药物、化验异常者可用红色签字笔标记。在电子病历系统中，需关注过敏药物和化验异常值的系统提示。

4. 病历中一般项目及页眉须认真逐项填写，电子病历系统中相应信息由系统自动提取，若在院期间医务人员发现患者基本信息内容错误，须及时告知患方持相关证件至医疗机构住院处更正，并在病历中记录发现并更正错误的具体时间、通知修改信息的患方人员姓名、与患者关系，以及修改前后的基本信息内容。

5. 纸质病历书写过程中出现错字时，应当用双线划在错字上，保留原记录清楚、可辨，并注明修改时间，修改人签名。不得采用刮、粘、涂等方法掩盖或去除原来的字迹。

三、病历填写错误的处理建议

1. 医务人员在完成病历书写之后应仔细检查，确认无误后再提交。提交之前的修改在电子文档中无痕迹。提交后未经上级医务人员审核修改之前，如果有必要可修改并重新提交，修改痕迹在电子文档前台显示，但不出现在打印的纸质病历中。如病历已经由上级医务人员修改过，则下级医务人员不能再进行修改。

2. 上级医务人员有审查、修改下级医务人员所书写病历的责任。修改时，系统自动记录修改日期、修改人员和具体修改内容，并将修改痕迹在电子文档前台显示（此痕迹与下级医务人员本人修订痕迹可以颜色区分），但不出现在打印的纸质病历中。已完成打印的病历如需修改，则必须在电子文档中进行修改并重新打印，病历主管医务人员和对病历进行修改的上级医务人员均有责任保证病历的纸质版本与电子版本的一致性。

3. 患者出院后回报的检查结果如导致诊断和首页内容更改，应在结果回报后及时向病案科提出申请，经病案科按修改权限要求开放首页修改功能后进行诊断更改，规定时间内修改完毕并提交。更改后的电子版首页重新提交病案科签收，由编码员复核、修订编码并重新归档。更改后的首页由进行修改的医师完成打印，并将纸质首页交给病案科以替换原首页。

4. 上级医务人员或病历书写医务人员发现在院患者 3 天及以前所书写的病历或者出院患者病历内容中，有重要的信息遗漏或错误，需要补充或订正者，可在病程记录中补记一次以“发现日期”为记录日期的病程记录，并在出院记录中加以说明。

5. 上级医务人员完成签名时如发现有必须进行修改的内容，

需由经治医务人员向病案科提出召回修改申请，病案科审批通过后，可在系统中以修订模式进行修改并提交电子签名章，新增加的文书或修改部分，如为纸质归档的项目，由修改者负责打印后交给病案科归入或替换原有纸质病历，同时，修改者应将电子病历再次提交归档。系统将记录电子文档中的修改人、修改痕迹和修改时间。

6. 电子病历系统中永久保存病历的修改记录，具体包括修改时间、修改账号、修改的具体内容以及登录系统使用的设备 IP 地址。

7. 除有明确规定的部分以外，所有已提交至病案科的病历（包括电子病历和纸质病历）均不得修改。

8. 出院患者对住院病历首页、入院记录、病程记录上的患者姓名，或者入院记录中的现病史、既往史提出异议的时候，可由临床医务人员查证属实后，补记一次以“发现日期”为记录日期的病程记录说明情况；患者提供的相关证明材料（身份证复印件、情况说明等）应归档进入住院病历中以备查验。患者需要相关信息的证明时，应另行开具诊断证明。诊断证明中原有抬头姓名、病史记录等不作改动，仅在补充内容中注明所修改信息。打印的纸质诊断证明一式两份，一份交与患方，一份进入病历归档。

问题27 哪些人有权复制病历？复制病历需要提交什么材料？

一、相关案例

孕妇李某因宫内孕 6^+ 月于2001年4月26日入住某医院，于当年6月25日行剖宫产术，术中从头位助娩四个胎儿，三男一女。新生儿出生后转入儿科。李某于同年6月29日出院。四个新生儿按出生顺序当时起名为孟一、孟二、孟三（女）、孟四，后对应起名为孟某生、孟某平、孟某心（女）、孟某安。

因诉讼需要，孟某心之父孟某到被告医院要求提供2001年6月25日至2001年7月20日期间的住院病历，但遭医院拒绝，孟某心提起诉讼要求医院提供病历。

医院辩称，医院经过反复查询，当时只找到了患者李某的病案，但是孟某心之父孟某申请查询的病案资料，经过反复查询没有查到。同时，孟某当时也没有提供其与患儿孟某心的身份关系证明，提交的查询手续的资料不符合相关规定。

法院经审理认为，根据原告所提供的证据等，可以认定孟某、李某夫妻的四胞胎儿女转入了被告医院的儿科进行治疗，孟某心与被告形成医疗服务合同关系。根据《医疗机构病历管理规定（2013年版）》《医疗纠纷预防和处理条例》的相关规定，被告医院应当向原告孟某心提供其住院病历资料。判决如下：被告向原告孟某心提供其于2001年6月25日至2001年7月20日期间的全部住院病历资料。[①]

二、复制病历的申请主体

病历是指医务人员在医疗活动过程中形成的文字、符号、图表、影像、切片等资料的总和，包括门（急）诊病历和住院病历。患者在医疗机构就诊时，医务人员应当按照《病历书写基本规范》和《医疗机构病历管理规定（2013 年版）》等规定书写病历。

病历对于患者来说，在报销、购买保险、就诊复查、纠纷诉讼以及了解病情等方面具有重要作用，因此法律规定了复制患者病历的权利。《医疗机构病历管理规定（2013 年版）》第 17 条规定，“医疗机构应当受理下列人员和机构复制或者查阅病历资料的申请，并依规定提供病历复制或者查阅服务：（一）患者本人或者其委托代理人；（二）死亡患者法定继承人或者其代理人”。同时第 20 条规定：“公安、司法、人力资源社会保障、保险以及负责医疗事故技术鉴定的部门，因办理案件、依法实施专业技术鉴定、医疗保险审核或仲裁、商业保险审核等需要，提出审核、查阅或者复制病历资料要求的，经办人员提供以下证明材料后，医疗机构可以根据需要提供患者部分或全部病历……保险机构因商业保险审核等需要，提出审核、查阅或者复制病历资料要求的，还应当……”

由上可以看出，有权复制患者病历的包括患者本人或者其委托代理人、死亡患者的法定继承人或其代理人，公安、司法、人力资源社会保障、保险以及负责医疗事故技术鉴定的部门、保险

① 参见河北省沧州市运河区人民法院民事判决书，（2019）冀 0903 民初 2132 号。

机构。

三、复制病历需要提交的材料

《医疗机构病历管理规定（2013 年版）》中明确规定，患者本人申请复制病历时，应当提供其有效身份证明；患者代理人申请复制病历的，应当提供患者及其代理人的有效身份证明，以及代理人与患者代理关系的法定证明材料和授权委托书；死亡患者法定继承人申请复制病历的，应当提供患者死亡证明、死亡患者法定继承人的有效身份证明，死亡患者与法定继承人关系的法定证明材料；死亡患者法定继承人代理人申请复制病历的，应当提供患者死亡证明、死亡患者法定继承人及其代理人的有效身份证明，死亡患者与法定继承人关系的法定证明材料，代理人与法定继承人的委托代理关系证明材料及授权委托书。

同时，公安、司法、人力资源社会保障、保险以及负责医疗事故技术鉴定的部门在法定情形下提出审核、查阅或者复制病历资料要求的，应提交如下材料：（1）该行政机关、司法机关、保险或者负责医疗事故技术鉴定部门出具的调取病历的法定证明；（2）经办人本人有效身份证明；（3）经办人本人有效工作证明（需与该行政机关、司法机关、保险或者负责医疗事故技术鉴定部门一致）。保险机构因商业保险审核等需要，提出审核、查阅或者复制病历资料要求的，还应当提供保险合同复印件、患者本人或者其代理人同意的法定证明材料；患者死亡的，应当提供保险合同复印件、死亡患者法定继承人或者其代理人同意的法定证明材料。

四、病历复制流程及规章制度的完善

首先，医疗机构应当指定部门或者专（兼）职人员负责受理复制病历资料的申请，设立病历查阅、复制窗口，方便患者复制病历。

其次，医疗机构应当建立健全病历查阅、复制流程，对于患方申请复制病历的，应当及时受理。对患方提交的材料进行形式审查，如缺少相关证明，或者申请复制的主体不合法，应当一次性书面告知。

最后，申请人申请复制病历时，应填写申请单并选择申请复印的具体内容及份数，而不要填写“所有”“相关”“主观病历”“客观记录”等模糊性表述，并由申请人签字。如果申请人要求复制全部病历，根据《医疗纠纷预防和处理条例》第 16 条第 1 款规定，患者有权查阅、复制其门诊病历、住院志、体温单、医嘱单、化验单（检验报告）、医学影像检查资料、特殊检查同意书、手术同意书、手术及麻醉记录、病理资料、护理记录、医疗费用以及国务院卫生主管部门规定的其他属于病历的全部资料。因此医疗机构应为患方复制全部病历资料，病历复制后应在复制的病历资料上加盖证明印记。如病历尚未全部完成或尚未归档，应当告知患方相关情况以及再次复制的方式和时间。

问题 28 患者要求查阅、复制病历资料时，医疗机构在实践中应如何把握“及时性”？

在医疗损害责任纠纷中，很多纠纷的产生源自医患双方的诊疗信息不对等，为了保护患者的权益，我国《民法典》第 1225 条第 2 款规定，“患者要求查阅、复制前款规定的病历资料的，医疗机构应当及时提供”，特别规定了医疗机构对病历资料的提供义务和患者查阅复制病历资料的权利。

一、法律赋予患者查阅复制病历权利的目的和意义

根据相关法律规定，病历是指医务人员在医疗活动过程中形成的文字、符号、图表、影像、切片等资料的总和，包括门（急）诊病历和住院病历，一般情况下病历是由医方单方制作形成。虽然法律规定医疗机构及医务人员不得隐匿、伪造、篡改或者销毁病历等医学文书及有关资料，但是如果不赋予患者查阅复制病历的相关权利，则可能难以保障病历的真实性。同时，法律既然赋予了医方具有单方制作病历的权利，必须赋予患者及时取得病历的权利，一方面及时固定相关证据，另一方面知情了解相关诊疗行为，才能体现法律的公平，也是患者维权的基础。所以医疗机构及时向患者提供病历资料是非常有意义和必要的。

二、医疗机构在实践中如何把握查阅复制病历的“及时性”

（一）何为及时提供?

首先，医师应当按照规定时间及时完成病历，然后在完成病历书写后根据患方的查阅复制要求及时提供。对此，《医疗机构病历管理规定（2013 年版）》第 21 条规定，“按照《病历书写基本规范》和《中医病历书写基本规范》要求，病历尚未完成，申请人要求复制病历时，可以对已完成病历先行复制，在医务人员按照规定完成病历后，再对新完成部分进行复制”，因此无论是运行病历还是归档病历，在患方提出查阅复制要求时都应当及时提供，不得以病历尚未归档而拒绝。“及时提供”的标准应当按照患方提出查阅复制病历的时间，结合病历书写规范要求医方书写病历的时间，提供相应的病历资料，如《病历书写基本规范》第 22 条第 2 款第 8 项中规定，“因抢救急危患者，未能及时书写病历的，有关医务人员应当在抢救结束后 6 小时内据实补记，并加以注明”，如果在实践中遇到患者抢救结束后尚未超过 6 小时但患方要求即刻查阅封存病历的情况，那么此时根据抢救病历书写的要求可以不提供抢救病历，并告知患方抢救病历可待抢救结束 6 小时后查阅复制。

需要注意的是，如果患方复制封存运行病历，那么在后续过程中仍然可以继续书写和收集后续病历，同时对已经复制的病历依法可以进行修改。即便是已经归档的病历，根据《电子病历应用管理规范（试行）》第 17 条中规定，“电子病历归档后原则上不得修改，特殊情况下确需修改的，经医疗机构医务部门批准后进行修改并保留修改痕迹”，并不能因为患方行使了查阅封存病历的权利而限制医师正常书写修改的权利。为了避免误会，医方在封存复印病历时，应当将时间精确到分，同时告知患方后续还会依法书写及修改病历等相关事项。

（二）如何及时提供?

1. 患方提出申请时，医方及时收集已经形成的相关病历资料，与患方共同核实后查阅复制封存。如果需要封存的是运行病历，应尽量封存复印件，以减少对医师正常书写使用病历的影响。同时，查阅复制封存病历时应由双方签字确认，并注明时间，注明相关内容，如该查阅复制封存件为运行病历、后续还会产生新的病历（包括后续书写形成的病历、后续出具以及封存时已出具但尚未送达临床医师的相关化验检查等），医师也有权对该封存病历依法修改（但是不得篡改）等。

2. 如患者提出查阅复制相关病历时尚未全部完成，医疗机构可根据规定提供完成部分的病历复制，并要求医师按病历书写规范要求尽快完成，待完成后再予复制剩余部分病历。

3. 一般情况下，患方对查阅复制封存病历的时间要求并不是非常紧迫，需要“及时”查阅复制封存病历的情况，往往发生在患者突发病情变化时或夜间急诊抢救时。由于值班的行政人员往往不是医疗纠纷处理或者病案复制的工作人员，不熟悉病历的查阅复制封存流程，可能会出现不及时封存或胡乱封存的情况，故建议医疗机构制定相关流程并粘贴在行政值班室内，详细规定如何为患者查阅复制封存病历以及相关注意事项，便于值班人员操作。

问题 29　对患者的病历，医疗机构如何履行保密义务？

病历是医疗机构在诊疗活动中最常见的医学文书，记载着患者主诉、现病史、既往史、个人史、婚育史、家族史等内容，客观、真实反映了疾病诊疗的整个过程，由于涉及采集、记录、使用和处理患者及相关人员的个人信息，而这些个人信息及隐私是公民人格权的重要保护内容，医疗机构对患者病历负有保密义务。

2021 年起施行的《民法典》对人格权作出了重要的规定，在既往没有人格权单行法律的情况下，以单独成编的形式制定了“人格权”编，尽管条文不多，但反映出人格权在《民法典》中的重要地位，其中对自然人的隐私权和个人信息保护作出了很多规定，《民法典》出台后，2021 年 8 月，十三届全国人大常委会第三十次会议通过《个人信息保护法》，对个人信息的保护更加明确和具体化。

一、个人信息的内涵界定

《民法典》第 1034 条第 2 款规定，“个人信息是以电子或者其他方式记录的能够单独或者与其他信息结合识别特定自然人的各种信息，包括自然人的姓名、出生日期、身份证件号码、生物识别信息、住址、电话号码、电子邮箱、健康信息、行踪信息等”。《个人信息保护法》第 4 条第 1 款规定，“个人信息是以电子或者其他方式记录的与已识别或者可识别的自然人有关的各种信息，不包括匿名化处理后的信息”。因此，个人信息包含以下特点：(1) 以“电子或者其他方式”记录；(2) 与“已识别或者可识别的自然人”有关；(3) 能够“单独”或者“与其他信息结合”识别特定自然人。

二、病历信息

（一）病历属于个人信息

根据《医疗机构病历管理规定（2013年版）》第2条的规定，病历是指医务人员在医疗活动过程中形成的文字、符号、图表、影像、切片等资料的总和，包括门（急）诊病历和住院病历，病历归档以后形成病案。由于病历是以电子病历系统或纸质记录的患者诊疗信息，包含患者的基本信息、病情信息、遗传信息等个人信息以及隐私信息，明显与具体患者相关，且具有可识别性，能够识别特定患者，因此病历属于个人信息。

（二）病历涉及隐私信息

《民法典》第1034条第3款规定，“个人信息中的私密信息，适用有关隐私权的规定；没有规定的，适用有关个人信息保护的规定”；第1032条第2款规定，“隐私是自然人的私人生活安宁和不愿为他人知晓的私密空间、私密活动、私密信息”，故对于病历中涉及的隐私信息，还应适用隐私的相关保护规定。

（三）病历涉及敏感个人信息

《个人信息保护法》第28条第1款规定，“敏感个人信息是一旦泄露或者非法使用，容易导致自然人的人格尊严受到侵害或者人身、财产安全受到危害的个人信息，包括生物识别、宗教信仰、特定身份、医疗健康、金融账户、行踪轨迹等信息，以及不满十四周岁未成年人的个人信息”。因此，病历作为公民的医疗健康信息还属于敏感个人信息，处理这些个人信息还应遵守敏感个人信息的法律规定。

三、病历信息的保密

根据《民法典》第 110 条和第 1034 条第 1 款及《个人信息保护法》第 2 条的规定，自然人的个人信息受法律保护。《民法典》第 1032 条中规定，“自然人享有隐私权”。对此，《民法典》第 1226 条明确规定，“医疗机构及其医务人员应当对患者的隐私和个人信息保密。泄露患者的隐私和个人信息，或者未经患者同意公开其病历资料的，应当承担侵权责任”。因此，医疗机构应当对患者的病历保密。

同时，根据《个人信息保护法》的相关规定，病历作为健康信息属于公民的敏感个人信息，只有在具有特定的目的和充分的必要性以及采取严格保护措施的情形下，在向个人告知处理敏感个人信息的必要性以及对个人权益的影响并取得个人的单独同意后，方可处理敏感个人信息。因此，病历作为个人敏感信息的重要记载形式，加强对医疗机构保密义务管理尤为重要。

四、建议与举措

在医疗机构对病历的日常管理中，要充分注意病历作为个人敏感信息及隐私信息的保密意识，注重对病历的信息管理，减少个人信息泄露隐患。

（一）建立病历信息保密制度

患者入院开始收集的信息及其治疗过程以及复诊中收集的信息要进行统一归口管理，健全相关保密机制，完善相关查阅复制权限、程序以及留痕机制，强化责任管理，加强网络信息安全措施，开展信息保密意识教育，建立病历信息保密制度。

（二）加强病历信息保密监管

针对包括门（急）诊、留观、住院等病历以及运行病历、归档病历、电子病历等在内的各个环节管理，有目的地制定相关信息保密措施，如病历的建立、书写、查阅、加密、携带、借阅、储存以及信息系统管理等，以防范病历信息泄露风险。

（三）落实病历信息保密措施

一方面积极落实相关规章制度与监管要求，另一方面针对信息保密措施中的重点问题落实相关措施，如医务人员在教学、科研中需要调取、查阅、复制患者病历资料应签署保密承诺书，公开发表成果、论文等需对患者个人信息进行匿名化处理，相关部门依法调取患者病历时严格执行相关法律程序，以保护患者个人信息及隐私。

（四）健全病历信息泄露补救和责任制度

建立健全病历信息泄露后的补救措施，减少影响和损失的产生。同时，应追究相关人员的责任，除了内部行政处分外，泄露公民个人信息的还应根据不同情况承担相关法律责任，如《民法典》第 1226 条规定的民事责任、《基本医疗卫生与健康促进法》第 101 条和《医师法》第 56 条规定的行政责任，如果构成犯罪，还将会根据《刑法》第 253 条之一规定的“侵犯公民个人信息罪”追究刑事责任。

问题 30 病历存在瑕疵是否影响病历真实性的认定？

一、相关案例

患者徐某为老年男性，因不稳定型心绞痛、冠心病等疾病到某医院住院治疗，18 天后患者死亡，临床死亡诊断为冠状动脉粥样硬化性心脏病、心肌梗死、脓毒症、多脏器功能衰竭等，患者家属不同意尸检。诉讼过程中，患方申请医疗损害鉴定，但认为医方提交的住院病历中的动态心电图报告缺少附件第 5 页和第 17 页，对此医方解释因机器打印吞纸，且该两页是对报告没有影响的附件内容，故当时未归入病历而无法提供。经委托两家鉴定机构鉴定，均以患方对病历的完整性提出异议而不予受理，对此法院又咨询多家鉴定机构，均表示因双方无法就病历完整性达成一致意见，同时死者未行尸检等，无法进行医疗损害鉴定。法院认为，某医院提交的病历材料中欠缺两页动态心电图报告的附件且未能作出合理解释，对被告诊疗行为过错的查明应由被告承担相应不利后果。因患方不同意对死者进行尸检，故患方应对某医院的诊疗行为与患者死亡之间因果关系的鉴定不能承担相应不利后果，同时应客观地衡量患者的原发病情、患者的年龄等因素在死亡原因中所占有的比例。综合考虑上述各方面因素认定某医院对患方的合理损失承担 25% 的赔偿责任，最后判决某医院赔偿患方

11 万余元。一审判决后，医患双方均未上诉。[1]

在出现上述病历瑕疵的情况下，医患双方往往会对病历真实性和完整性的认定发生争议，那么病历存在瑕疵是否影响病历真实性的认定？

二、病历瑕疵及影响

病历是指医务人员在医疗活动过程中形成的文字、符号、图表、影像、切片等资料的总和，是对患者疾病的发生、发展情况和医务人员对患者的疾病诊断、治疗及护理医疗活动情况的记录。病历瑕疵是患者病历资料中存在改动、缺失、未按病历规范格式书写或修改、内容矛盾、记录错误、表达歧义、有错别字、签字不实等情况，可能影响病历的真实性、完整性和客观性的认定。根据病历瑕疵对医疗事实查明和医疗责任认定的影响，可分为表面瑕疵和实质瑕疵。

（一）表面瑕疵

表面瑕疵常见为没有按照病历书写格式规范要求书写或修改，年龄、性别、病案号、姓名、身份证号、家庭住址、住院科别、转入转出科别等信息记录错误或混乱，未如实及时签名、代签名，相关事实记录错误，存在错别字等，这些记录虽然有瑕疵，但通常可以通过其他证据查明相关事实，医疗机构也可以作出合理解释，不影响对医疗行为及案件事实的认定。虽然谁也不能完全保证其书写的病历是完美无瑕的，但出现表面瑕疵多半与医务人员

① 参见北京市石景山区人民法院民事判决书，（2015）石民初字第 7257 号。

的病历书写不够认真、态度不够严谨、病历管理上存在疏漏等原因相关。

（二）实质瑕疵

实质瑕疵又分为两类：第一类为篡改、伪造、销毁病历等情况，这种病历瑕疵往往导致相关事实无法查明，直接影响医疗责任的判断，这些瑕疵往往是医疗机构及其医务人员为掩盖事实真相而为，虽然有时表面上并没有明显违反病历书写规范之处，但是根据电子病历修改过程数据复原、监控录像等证据仍可以查明。这种实质瑕疵，法律要给以否定评价，此处称为“内容虚假的实质瑕疵”。第二类为病历存在不符合规范的书写或修改、内容矛盾、表达歧义、重要内容遗漏等情况，导致出现“多种事实可能”的解释，此种情况多见于医疗机构及其医务人员不按病历书写管理规范书写或修改病历记录、记录内容没有认真核对、记录水平和文字表述能力欠缺、病历管理监督不够等原因，由于这种病历的实质性瑕疵会导致法院认定事实出现两难，法律上并不能一概而论，只能通过法律上的争议解决证据规则处理，此处称为“内容争议的实质瑕疵”。

三、病历瑕疵的处理

我国《民法典》第1222条规定，“患者在诊疗活动中受到损害，有下列情形之一的，推定医疗机构有过错：……（二）隐匿或者拒绝提供与纠纷有关的病历资料；（三）遗失、伪造、篡改或者违法销毁病历资料”。另外，《第八次全国法院民事商事审判工作会议（民事部分）纪要》第12条规定，“对当事人所举证据材料，应根据法律、法规及司法解释的相关规定进行综合审查。因当事人采取伪造、篡改、涂改等方式改变病历资料内容，或者遗失、销毁、抢夺病历，致使医疗行为与损害后果之间的因果关系或医疗机构及其医务人员的过错无法认定的，改变或者遗失、销毁、抢夺病历资料一方当事人应承担相应的不利后果；制作方对病历资料内容存在的明显矛盾或错误不能作出合理解释的，应承担相应的不利后果；病历仅存在错别字、未按病历规范格式书写等形式瑕疵的，不影响对病历资料真实性的认定”。

如果病历瑕疵属于伪造、篡改、隐匿、销毁等“内容虚假的实质瑕疵”，那么应当推定医疗机构有过错。如果属于内容矛盾、表达歧义、重要内容遗漏并且不能作出合理解释的“内容争议的实质瑕疵”，那么应当按照不利于病历制作方的原则合理进行事实推定。如果属于未按照病历书写格式规范要求书写、修改或记录存在笔误、错别字等而有其他客观证据反映实际情况的表面瑕疵，那么不影响对病历资料真实性的认定，但应按照实际情况认定事实。同时，《医疗机构病历管理规定（2013 年版）》第 10 条第 1 款第 1 句规定：“门（急）诊病历原则上由患者负责保管。”对于由患者就诊的各医疗机构制作但由患方保管的门（急）诊病历及检验检查报告，在发生医疗纠纷时，患方有可能基于各种原因不能提交，包括保管不当丢失或毁损、对己不利而隐匿不交或选择性提交、认为与案件无关而未交、因医疗费报销或其他诉讼而交由其他部门保存等。对此，如果能通过调查取证重新获得，如由制作门诊病历的医疗机构通过电子病历系统重新补打，那么应尽量完善相关病历以查明事实；如果穷尽相关调查取证手段仍无法获取原病历记载的相关内容，那么应由患方承担不利的法律后果，作出不利于患方的合理事实推定。

由上文可知，对待病历瑕疵应尽量通过补充证据、合理解释、综合判断等各种手段查明事实的真相，对不影响事实查明的病历瑕疵，一般不影响医疗损害责任鉴定的进行；对于导致客观事实无法查明或存在争议的病历瑕疵，根据制作方、保管方的相关责任作出合理的事实及过错推定，并可按照该推定并综合其他证据，对其因果关系及原因进行鉴定。因此，病历存在实质瑕疵所产生的推定过错并不当然推定因果关系存在，在司法实践中，对病历瑕疵所发生的事实争议，法院往往通过函告的形式确定相关事实推定后，由鉴定机构按照法院确定的事实鉴定，或者由鉴定机构按不同的争议事实分别作出鉴定意见后，再由法院根据事实和相关证据进行采信和评判。

四、关于病历管理以及瑕疵处理的建议

（一）加强病历书写规范及技巧培训

鉴于现实中大部分病历由下级医师书写，而病历书写的重要性又不言而喻，另外个别指导老师的病历书写水平也有待提高，必须将病历书写规范以及技巧培训常规化，并列入业务管理和绩效考核的指标，教育引导医师及时如实认真书写病历。

（二）强化病历书写管理监督和处罚

医疗机构应当按照病历管理规定积极完善病历的建立、书写、保管、借阅、复制、封存、启封等规章制度，强化相关部门及工作人员的岗位责任，加强病历书写管理的监督，对于责任心不强

并严重违反病历书写管理规定或造成相关损失的人员，应当予以处罚并与其绩效考核、职称晋升、职务晋级相挂钩。

（三）完善病历质控执行和责任承担

病历的书写必须要加强质量控制，完善病历质控要点，加强病历质控环节管理，抽查相关病历质控情况，同时明确病历质量控制不合格的行政责任，一方面督促医师写好病历，另一方面也强化临床科室对病历书写的管理责任承担。

（四）积极解决病历瑕疵的事实问题

如发生医疗纠纷，对病历中的瑕疵应尽早发现核实，但是不应随便篡改和伪造，而应对病历瑕疵中的相关问题进行合理解释并调查取证，积极解决因病历瑕疵引发的事实查明的相关争议。

（五）合理承担病历瑕疵的法律责任

病历瑕疵应视情况处理，并不必然推定医疗行为存在过错，更不必然推定因果关系存在，因此出现病历瑕疵时应做好各种应诉准备并提供相关证据，合理承担病历瑕疵的法律责任。

第五章

个人信息与隐私

问题 31　医疗机构如何保护患者的隐私和个人信息？

随着国家相关立法的完善，对医疗服务质量的要求也在不断提高。医疗机构及医务人员在提供医疗服务时，应注意维护患方的隐私权和个人信息权。

一、隐私和个人信息

我国《民法典》第 990 条将隐私权纳入人格权，第 4 编“人格权”第 6 章对隐私权和个人信息保护作了具体规定。第 1032 条明确规定：自然人享有隐私权。任何组织或者个人不得以刺探、侵扰、泄露、公开等方式侵害他人的隐私权。隐私是自然人的私人生活安宁和不愿为他人知晓的私密空间、私密活动、私密信息。第 1034 条明确规定：自然人的个人信息受法律保护。个人信息是以电子或者其他方式记录的能够单独或者与其他信息结合识别特定自然人的各种信息，包括自然人的姓名、出生日期、身份证件号码、生物识别信息、住址、电话号码、电子邮箱、健康信息、行踪信息等。个人信息中的私密信息，适用有关隐私权的规定；没有规定的，适用有关个信息保护的规定。

二、患者的隐私和个人信息的主要内容

（一）患者的身体秘密

患者的身体秘密如身体隐蔽部位、生理缺陷、不愿他人知晓

的特殊疾病等。

（二）患者的私密空间

私密空间如患者在接受诊疗过程中需要暴露自己个人隐私信息的检查室、手术室等空间和场所等。

（三）患者的私密活动

患者在接受诊疗服务过程中私人生活不被打扰，如住院过程中的饮食起居、通信等不受打扰和干涉。

（四）患者的个人私密信息

除上述《民法典》中规定的个人信息外，还包括诊疗记录、既往个人病史以及相关家族病史、与疾病相关的个人生活习惯与行踪信息、具体隐私部位的生理和病理信息等。

三、患者隐私权和个人信息权保护中的特殊性

患者隐私权和个人信息权保护的特殊性主要体现在以下几个方面。

（一）主体特殊性

在患者隐私权和个人信息权益保护中，患者即接受医疗服务的自然人是权利主体，而负有保密义务的医方是义务主体。

（二）易受侵犯性

诊疗活动复杂，接触患者隐私和个人信息广泛，而现代医疗

服务的合作性和综合性也使患者的个人信息的知晓对象可能不限于患者的主治医生。

（三）保护范围的特殊性

医方合法获取或接触到的与诊疗行为密切相关的个人隐私和个人信息都属于保护的范围，同时根据《个人信息保护法》第 28 条的规定，医疗健康信息还属于敏感个人信息。对患者特别是社会知名人士而言，“到医院就诊”这个信息本身就属于私密信息。

（四）保护时间的延展性

隐私和个人信息保护不止于医疗服务结束。医方有义务和权利保存患者的病历资料，对其中包含的大量患者隐私和个人信息，医方具有保密义务。

（五）保护的相对性

在医疗服务中，由于疾病诊疗需要了解一些患者隐私和个人信息，患者应当如实提供，即向医方让渡。但这种让渡是有限的，基于满足疾病诊疗需要而确定具体让渡程度。患者隐私和个人信息的让渡一般遵循以下基本原则。

1. 知晓对象限制：仅限于对该患者提供诊疗服务必须涉及的人员，无关人员不得随意获取。基于其他公共管理的要求，知晓对象也应具有相关合法资质。基于医学研究，一般通过隐去患者个人信息或获得患方专门知情同意的方式来实现知晓对象的扩展。

2. 知晓内容限制：限于与疾病诊疗密切相关的、为实施医疗服务而医方必须知晓的内容，故知晓的程度基于满足诊疗需要，而非任何情况都不受限制的暴露和让渡，比如在手术中，只暴露手术部位，而对患者的其他身体部位进行覆盖遮挡。

四、侵犯患方隐私权、个人信息权益将承担的法律责任

如果侵犯患方隐私权和个人信息权益，将根据具体违法情形依法承担相应法律责任。

（一）民事责任

《民法典》第1226条规定，医疗机构及其医务人员应当对患者的隐私和个人信息保密。泄露患者的隐私和个人信息，或者未经患者同意公开其病历资料的，应当承担侵权责任。

（二）行政责任

根据《医师法》和《护士条例》的相关规定，医师、护士在执业活动中违反规定泄露患者隐私的，根据违法情节和后果的严重程度，可能承担的行政责任包括：警告、暂停6个月以上1年以下执业活动、吊销其执业证书。医疗机构及其医务人员还可能因违反《传染病防治法》第69条、《基本医疗卫生与健康促进法》第101条、《治安管理处罚法》第42条等其他法律规定而承担相应行政法律责任。

（三）刑事责任

《刑法》第253条之一规定了侵犯公民个人信息罪，即“违反国家有关规定，向他人出售或者提供公民个人信息，情节严重的，处三年以下有期徒刑或者拘役，并处或者单处罚金；情节特别严

重的，处三年以上七年以下有期徒刑，并处罚金。违反国家有关规定，将在履行职责或者提供服务过程中获得的公民个人信息，出售或者提供给他人的，依照前款的规定从重处罚。窃取或者以其他方法非法获取公民个人信息的，依照第一款的规定处罚。单位犯前三款罪的，对单位判处罚金，并对其直接负责的主管人员和其他直接责任人员，依照各该款的规定处罚”。因此，由于医方获取的患方个人信息属于提供服务中获取，如果构成犯罪，还属于从重处罚的情形。

五、保护患方隐私权、个人信息权益的措施

（一）加强法律知识的学习，提升法律意识

医疗卫生机构、医疗卫生人员应切实遵守《民法典》《基本医疗卫生与健康促进法》《医师法》等规定，依法履行保护患者隐私和个人信息的义务，将保护患者隐私权和个人信息权的观念深入每个医务人员心中。

（二）严格遵循行为规范，关注重点环节与内容

在诊疗过程中，应重点保护患者的隐私空间、病历资料、私人活动等。注意信息采集的限度，在疾病诊疗需要的限度内获取患者信息，诊疗结束后应重点关注病历资料中个人信息、获知对象和获知内容的限定。加强对个人信息传播的限制，未经患者同意不得传播患者隐私和个人信息。规范个人信息利用，特别是对教学、科研、广告宣传中的患者隐私保护。

（三）健全管理制度，切实保护患者隐私权与个人信息权

要建立征询患者意见制度，将知情同意纳入患者隐私保护制度。要规范医师问诊、检查的制度，与病情无关的涉及患者隐私的个人信息不刺探；与病情无关的、不需要检查的患者隐私部位不查看。要建立健全奖惩制度，责任到人。教学医院要加强实习生管理，改进教学方法。

（四）加强病历资料管理，严格执行信息保密管理措施

要切实落实《医疗机构病历管理规定（2013年版）》和《电子病历应用管理规范（试行）》的实施。加强病历资料的管理，严格借阅对象和借阅方式。对有权查阅档案资料的医务人员的范围进行限定，严格把握患者隐私可接触的范围，在电子病历逐步普及的现阶段，特别要加强电子病历系统使用的管理，对录入、归档、查阅等环节设置权限。

（五）完善医疗服务中的环境建设和网络安全，配置必要的设备

比如设置两米线、单独的空间、隐私部位检查或治疗时的布帘、屏风等隔离；禁止与患者没有关系的人旁听、窥视或者出入等。加强电子设备的管理维护，严格限制摄影、摄像、拍照、监控等行为。加强医院内部网络访问管理和数据保护，对带有患者个人信息的电子设备进行加密，避免黑客入侵等。

问题 32　医师如何向患方告知艾滋病等性传播疾病?

性传播疾病（sexually transmitted disease，STD）是指由性接触、类似性行为及间接接触感染的一组传染性疾病。由于在性传播疾病中艾滋病最能体现性传播疾病的特点，相关艾滋病的防治规定也最为完善，故此处以艾滋病为例，阐述有关性传播疾病的医疗告知问题。

一、《艾滋病防治条例》关于艾滋病告知的相关规定

《艾滋病防治条例》第 42 条规定，“对确诊的艾滋病病毒感染者和艾滋病病人，医疗卫生机构的工作人员应当将其感染或者发病的事实告知本人；本人为无行为能力人或者限制行为能力人的，应当告知其监护人”。第 39 条第 2 款规定，“未经本人或者其监护人同意，任何单位或者个人不得公开艾滋病病毒感染者、艾滋病病人及其家属的姓名、住址、工作单位、肖像、病史资料以及其他可能推断出其具体身份的信息”。因此，对于艾滋病等性传播疾病应向患者本人或其监护人告知，未经患者本人或其监护人同意不得公开。

上述规定对保护患者的隐私和个人信息无可厚非，但现实中也需要保护与患者有关系者的合法权益，如患者的配偶、性伴侣、为患者接诊的医务人员、与患者共同生活的相关人员等。对此，《艾滋病防治条例》第 38 条规定：“艾滋病病毒感染者和艾滋病病

人应当履行下列义务……（二）将感染或者发病的事实及时告知与其有性关系者；（三）就医时，将感染或者发病的事实如实告知接诊医生……”因此，《艾滋病防治条例》的规定要求医疗卫生机构的工作人员将患者感染或者发病的事实告知本人或其监护人，再由患者本人或监护人将发病的事实告知与患者有性关系者或接诊医生等相关人员。

二、“艾滋病告知”中权利冲突

实践中，医师将患者有艾滋病或性传播疾病告知患者本人及监护人，但患者本人及监护人基于各种原因并没有及时告知与患者有性关系者、接诊医生、共同居住人员、密接人员等相关人员，造成这些相关人员的权利得不到保护，或者没有及时得到防护和治疗，导致传染病的传播和救治延误。那么，仅仅按照《艾滋病防治条例》的规定由患者本人及其监护人履行“告知义务”，能否切实保护这些有感染艾滋病等性传播疾病风险的相关人员的权利？如果医生诊断患者为性传播性疾病，医生是否有义务向性传播性疾病（如艾滋病）感染者的配偶或性伴侣告知病情？

当患者被确诊为艾滋病后，患者必然担心其发病的事实被他人知道后而被社会歧视、被家庭抛弃、被单位解雇、被身边的人远离，同时其心理上对艾滋病本身也亦感恐惧，对此有学者研究发现感染者/病人心理上普遍伴有自责、偏见等负面情绪，加上担心个人隐私暴露等原因，[①] 往往会不愿意接受、承认该事实，也不

---

① 参见卢捷：《HIV 感染者的自我歧视及其社会工作干预》，广州大学 2017 年硕士学位论文，第 67 页。

向与其有性关系者或其他关系人员告知其发病事实，容易导致其向相关人员隐瞒自己的感染状况，有的甚至还会因此报复社会而故意传播，尽管法律上对患者有相关要求并设定了严厉的处罚，但实践中患者并不一定都能够遵守，如果完全依赖患者的道德素养和自觉性，难以有效保障与艾滋病患者有性关系者等相关人员的权益。

三、地方性法规对“艾滋病”告知的突破

对于艾滋病感染者没有及时将感染事实告知其配偶或者性伴侣等关系人员的情况，《云南省艾滋病防治条例》第 20 条第 2 款中规定，“本人不告知的，医疗卫生机构有权告知”；《新疆维吾尔自治区艾滋病防治条例》第 27 条第 2 款中规定，“三十日内未自行告知或者未委托告知的，其户籍地或者居住地医疗卫生机构和医务人员有权告知其配偶、与其有性关系者和监护人”；《广西壮族自治区艾滋病防治条例》第 33 条第 2 款中规定，“艾滋病病毒感染者和艾滋病病人不告知或者不委托告知的，疾病预防控制机构有权告知其配偶或者与其有性关系者”。因此，云南、新疆、广西的地方性法规规定，如患者本人未及时履行法律规定的告知义务，相关医疗机构有权将艾滋病病人的事实告知其配偶或性伴侣。《浙江省艾滋病防治条例》对此更进一步，其第 36 条第 2 款中规定，“对确诊的艾滋病病毒感染者和艾滋病病人，由省人民政府卫生健康主管部门培训合格的医务人员将诊断结果告知其本人、配偶或者监护人”，即无论艾滋病患者告知与否，相关医务人员均可以将诊断结果直接告知其配偶。从上述地方性法规可以看出，在坚持不公开患者发病事实信息的原则上，相关医疗机构可以附

条件或不附条件地直接告知艾滋病患者的配偶和性伴侣，以确保与患者有性关系人员的合法权益。

四、关于“艾滋病等性传播疾病告知”的建议

由于相关法律对此规定尚需进一步明确，而各地的法规规制内容对此也不尽相同，同时相关人员的合法权益得到侵害时往往可归责于患者本人未履行告知义务，关于对患者的隐私权的保护与相关人员的合法权益的保护，医务人员往往更害怕承担“泄露病人病情隐私”的法律风险，实际工作中往往更侧重于保护病人“隐私权”，选择避免直接告知病人配偶或性伴侣等关系人。

学界对于医生是否有义务向性传播性疾病（如艾滋病）感染者的配偶或性伴侣告知病情做了许多研究，主张告知配偶（或固定性伴侣）的学者认为，告知配偶既可以预防配偶间传播，还可以预防母婴传播。[①] 亦有相关研究指出，在不伤害社群和他人利益的前提下，应当充分尊重艾滋病病人的自主权、隐私保护权，营造宽容的社会道德环境。[②]

临床实际工作中常常遇到无地方政策依据的窘境，实施配偶告知工作应出台告知政策，加强告知工作人员的能力培训，把配偶告知与配偶检测工作相结合。[③] 故在现有的法律规定下，应充分与患者沟通，对艾滋病等性传播疾病相关事项进行明确说明，尽

---

① 参见韩跃红：《个人艾滋信息的保密与告知——兼及科技人员的社会责任》，载《昆明理工大学学报（社会科学版）》2006 年第 4 期。

② 参见张其连、刘俊荣：《艾滋病防治中的利益冲突及其伦理决策》，载《中国医学伦理学》2017 年第 10 期。

③ 参见徐鹏、刘康迈、吕繁：《HIV 感染者/AIDS 病人配偶告知的可行性分析》，载《中国医学伦理学》2011 年第 5 期。

量取得患者对告知其配偶等关系人员的授权。对此，提出以下三个方面的建议。

第一，在对患者检查诊疗前，告知患者应当将性传播疾病发病事实如实告知配偶、性伴侣及相关人员，同时可取得患者书面同意或授权，由医疗机构将其性传播疾病相关信息告知与其有性关系者以及相关单位和人员。

第二，诊疗中发现患者感染艾滋病病毒后，应及时告知患者相关感染情况，如当地的法规规定可以直接向其配偶、性伴侣等关系人告知，则还需依法向患者的关系人员告知。

第三，如当地法规没有规定医疗机构直接向患者关系人告知的权利，同时患者坚持由其本人告知，那么应由患者作出书面保证，并承诺如不依法及时履行向相关人员告知的义务，医疗机构可以直接向其相关人员告知其感染病情等事实。若患者未依法及时履行告知相关人员的义务，则医疗机构可根据情况依据患者的承诺向患者配偶等关系人告知患者的感染情况。

问题33 医务人员应如何合理使用患者的个人信息?

由于医疗行业涉及对疾病的鉴别、诊断和治疗，所以医务人员较其他行业的从业者，更容易接触到患者的一些个人信息。例如患者的既往病史、家族病史、病理性缺陷、生理性缺陷、个人经历、生活习惯等较为隐秘的信息；又如对患者的身体器官、组织样本、血液、体液进行检验、检查过程中发现和生成的患者信息等，尤其在疫情防控期间，医疗机构需要采集来院人员的流行病学信息，包括联系电话、居住地址、身份证件号码、暴露史等。除此之外，由于临床病例是医学科研教学的重要素材，医学教研活动中也不可避免地需要对临床病例情况加以总结、对比、研究和分析，这一过程中亦不可避免地会涉及患者的个人信息，因此有必要对医务人员合理使用患者个人信息的相关规定进行总结、梳理。

一、个人信息与隐私的异同

《民法典》第1034条第2款规定："个人信息是以电子或者其他方式记录的能够单独或者与其他信息结合识别特定自然人的各种信息，包括自然人的姓名、出生日期、身份证件号码、生物识别信息、住址、电话号码、电子邮箱、健康信息、行踪信息等。"同时第1032条第2款规定："隐私是自然人的私人生活安宁和不愿为他人知晓的私密空间、私密活动、私密信息。"

从前述规定来看，法律对患者的隐私和个人信息作出了区分表述，但隐私和个人信息在客体上存在一定的交叉，例如未公开的家庭住址、婚姻状况、生育情况等私密性的、不愿为他人知晓的信息，其同时满足个人信息和隐私两种性质。此外，个人信息也存在较为明显的自身特点，一是个人信息的客体要求必须以固定化的信息方式记载下来，二是个人信息的权益主要是指对个人信息的支配与自主决定。①

二、患者个人信息保护的相关法律规定

《民法典》第 1226 条规定，“医疗机构及其医务人员应当对患者的隐私和个人信息保密”。第 1035 条对个人信息的收集、处理和使用作出了较为详尽的规定，该条规定：“处理个人信息的，应当遵循合法、正当、必要原则，不得过度处理，并符合下列条件：（一）征得该自然人或者其监护人同意，但是法律、行政法规另有规定的除外；（二）公开处理信息的规则；（三）明示处理信息的目的、方式和范围；（四）不违反法律、行政法规的规定和双方的约定。个人信息的处理包括个人信息的收集、存储、使用、加工、传输、提供、公开等。”医疗机构及其医务人员在医疗活动中不可避免地需要收集有关患者身体状况和健康情况、病情发展和相关病史等个人信息，故对于这些信息的收集和处理，应当符合《民法典》的上述规定。

同时，《个人信息保护法》第 28 条第 1 款规定，敏感个人信

---

① 参见最高人民法院民法典贯彻实施工作领导小组主编：《中华人民共和国民法典人格权编理解与适用》，人民法院出版社 2020 年版，第 366－367 页。

息是一旦泄露或者非法使用，容易导致自然人的人格尊严受到侵害或者人身、财产安全受到危害的个人信息，包括生物识别、宗教信仰、特定身份、医疗健康、金融账户、行踪轨迹等信息，以及不满 14 周岁未成年人的个人信息。医院收集的个人信息中，包含了患者的一般信息、诊疗信息、生理信息、经济信息等，并不都是私密信息或敏感信息，[①] 其中《信息安全技术　个人信息安全规范》（GB/T 35273－2020）中明确规定，个人因生病医治等产生的相关记录，如病症、住院志、医嘱单等属于个人敏感信息。《个人信息保护法》第 28 条第 2 款规定，只有在具有特定的目的和充分的必要性，并采取严格保护措施的情形下，个人信息处理者方可处理敏感个人信息。

除此之外，对患者个人信息进行收集和处理的过程中，还应当根据《民法典》第 1038 条第 2 款的规定，采取技术措施和其他必要措施，确保其收集、存储的个人信息安全，防止信息泄露、篡改、丢失，并在发生或者可能发生个人信息泄露、篡改、丢失时及时采取补救措施，依照规定告知被收集者并向有关主管部门报告，否则应当承担侵权责任。

与此同时，法律也规定了处理患者个人信息的免责情形。《民法典》第 1036 条规定："处理个人信息，有下列情形之一的，行为人不承担民事责任：（一）在该自然人或者其监护人同意的范围内合理实施的行为……（三）为维护公共利益或者该自然人合法权益，合理实施的其他行为。"在医疗领域，使用相关个人信息应

---

① 参见姬雨童、李筱永：《电子病历共享中个人信息安全的法律保护研究》，载《中国卫生法制》2023 年第 2 期。

征得同意并为了特定的目的在合理的范围内使用，在为了维护公共利益或患者利益时也可合理使用个人信息，其中较为典型的情况是医疗机构及其医护人员发现《传染病防治法》规定的传染病疫情或者发现其他传染病暴发、流行以及突发原因不明的传染病时，依法所应履行的报告职责。

三、医务人员使用患者个人信息时应当注意的问题

结合医疗行业自身特点和上述法律规定，医务人员使用患者个人信息时应当注意以下三个问题。

（一）保密原则

医务人员在使用患者个人信息过程中要尽到谨慎保密的义务，要保证不做、不说、不听。对于医务人员而言，要做到在任何时期、任何场合不披露自己在诊疗过程中所知悉的患者个人信息，也不听取、不主动打听别人诊治过程中所知悉的患者个人信息。[①]同时，不得将其知晓的个人信息向第三人透露，更不得用于医疗目的之外。另外，对于收集到的个人信息，应当妥善保管，采取严格的管理和技术防护措施，防止被窃取、被泄露。

（二）处理个人信息应当限于明确的使用目的，并充分尊重患者或其监护人的知情同意权

如前文所述，收集、处理个人信息时应当具有明确、清晰、

① 最高人民法院侵权责任法研究小组编著：《〈中华人民共和国侵权责任法〉条文理解与适用》，人民法院出版社2010年版，第438页。

具体的个人信息收集使用目的，并限于该目的合理使用，不得用于其他用途。同时，应事先征得患者或者其监护人同意，向患方明示个人信息使用目的、方式、范围等规则，因此医务人员在使用患者个人信息之前，应当充分尊重患者或其监护人的知情同意权，未经患者同意，不得公开患者的病历资料等信息，尤其禁止用于广告等商业目的。

（三）在教学研究、学术交流中应进行去标识化处理

如上文所述，临床病例是医学科研教学的重要素材，也是医学进步不可或缺的要素，医学教研活动、学术交流中需要对临床病例情况加以总结、对比、研究和分析，不可避免地会涉及患者的个人信息。因此，在教学研究、学术交流中如需要使用患者个人信息，除充分尊重患者或其监护人的知情同意权以外，还应当注意对使用的目的和范围加以限制，并根据使用的场合对患者个人信息进行针对性去标识化处理，尤其是在教学、发表论著或学术交流等外部场合需使用患者个人信息时，应对患者标志性特征加以掩饰，做到内外有别。[①]

---

① 参见张驰：《患者隐私权定位与保护论》，载《法学》2011 年第 3 期。

第六章

医疗新技术和科研、临床试验

问题 34　医务人员能否向患者推荐购买院外药品或医疗器械？能否将其写入病历和医嘱？

一、相关案例

患者司某因左下肢静脉曲张破溃疾病到某医院住院治疗，因患者长期服用羟基脲药物，故医院在长期医嘱记录单中记载该药物的服用情况，入院后行左侧大隐静脉高位结扎剥脱术，术后一天出现肺栓塞，经下腔静脉滤器置入术、肺动脉溶栓术等积极救治无效后死亡。由于使用羟基脲药物是发生静脉血栓栓塞症的危险因素之一，法院认为，某医院提交的长期医嘱记录单等证据能够证明医院在患者入院诊疗过程中将羟基脲片作为自备药处理，但该医院未提供患方签字的自备药品责任书、自备药品告知书等书面证据，也未提交履行自备药报批手续的相关证据，故认定该医院就羟基脲片自备药的使用未尽到告知和说明义务，推定医院对此存在过错，认定某医院承担 20% 的赔偿责任并判决赔偿患方 11 万余元。[①]

从上述案例可以看出，在医疗实践中，医生有时会遇到医院里没有其能够提供患者使用的药品或医疗器械，需要患者及家属去院外自行购买，也会遇到患者要求医生使用其自备的药物，那么此时医生能否推荐其到院外购买并使用患者自院外购买或自备的药品或器械？能否将其写入医嘱和病历？

---

① 山东省德州市中级人民法院民事判决书，（2019）鲁 14 民终 2367 号。

二、现行法律规定

根据《医疗纠纷预防和处理条例》第 12 条规定，“医疗机构应当依照有关法律、法规的规定，严格执行药品、医疗器械、消毒药剂、血液等的进货查验、保管等制度”，医院使用的药品及医疗器械需要依法从具有相关资质及资信可靠的单位采购，且能追溯相关产品信息，同时应按照严格的制度查验、保管，故为确保医疗产品安全，一般均要求医生为患者使用的药品或医疗器械需由医院提供。

但是由于医院采购的药品或医疗器械品种、数量等相对固定，而且药械也在不断更新，产品也会迭代，加上医院采购新药及医疗器械的审批、采购程序较为复杂，有时无法满足临床需要，此时如要求只能使用院内的药械产品显然不能满足疾病治疗的需要。因此，出于患者健康利益考虑，医生在确有必要时指导患者自行外购药品或医疗器械是无可厚非的。①

对此，原卫生部医疗服务监管司于 2010 年 9 月下发的《医院工作制度与人员岗位职责》在“住院患者自备药品制度（试行）”一章规定，原则上不使用住院患者自备的药品，仅在医院无备药可供，病情确需，而且经科主任同意、医务处批准的某些个别特殊情况下，方可按照医嘱使用。因此，原则上患者未经主管医生同意并经医院批准，不得自行到院外购买药械，但是医师认为因病情必须使用，而存在医院目录内无替代药品等特殊情况，确需

---

① 参见许红华、黎增、张燕：《医院监管与医生开“外购”处方的博弈分析》，载《辽宁工程技术大学学报（自然科学版）》2010 年第 5 期。

外购或自备药械的，经医院同意并履行批准、告知等相关手续后，患者可以到院外购买药械。

问题在于，医生能否推荐患者到院外相关医药公司或者零售药店购买？《国家医疗保障局、财政部、国家卫生健康委、国务院扶贫办关于坚决完成医疗保障脱贫攻坚硬任务的指导意见》第 6 条规定，“严厉打击……诱导院外购药、过度医疗等欺诈骗保行为……”《医疗机构工作人员廉洁从业九项准则》第 1 条也规定，“合法按劳取酬，不接受商业提成……除就诊医院所在医联体的其他医疗机构，和被纳入医保‘双通道’管理的定点零售药店外，严禁安排患者到其他指定地点购买医药耗材等产品；严禁向患者推销商品或服务并从中谋取私利；严禁接受互联网企业与开处方配药有关的费用”。因此，患者因病情治疗确需到院外购买药械时，医生可以告知相关外购药械情况，如患者征求医生意见，医生可以提出建议，但是不得诱导患者到院外购药，不得使用商品名而应使用通用名，也不得限制或指定患者外购的零售药店或医药公司，更不得以此接受商业提成或从中牟利。

患者外购或者自备的药械在医院使用时，是否应在病历中记录？《电子病历系统功能规范（试行）》第 28 条规定，“药物治疗医嘱（含门（急）诊处方）录入功能，除满足医嘱录入的一般功能外，包含以下功能要求：（一）必需的功能：…… 6. 提供自备药的标识功能”，故电子病历系统必须提供自备药的标识功能，使用患者外购或者自备的药械时，医院需按规范记入病历系统中并标识清楚“自备药”。

三、患者使用外购药械的责任承担

如果外购药械使用后出现医疗损害，应当如何处理？我国《民法典》第1223条规定，“因药品、消毒产品、医疗器械的缺陷，或者输入不合格的血液造成患者损害的，患者可以向药品上市许可持有人、生产者、血液提供机构请求赔偿，也可以向医疗机构请求赔偿。患者向医疗机构请求赔偿的，医疗机构赔偿后，有权向负有责任的药品上市许可持有人、生产者、血液提供机构追偿”。但是该法律规定是针对医疗机构提供的药械或血液的情况，由于患者外购或自备药械并非医疗机构提供，同时医疗机构也无法保障患者外购或自备药械的来源、质量、保存以及其他安全问题，此时如果让医疗机构向患者赔偿因患者外购或自备药品所造成的损失，显然是不公平的，而且医疗机构也无法知情外购或自备药品的相关情况，更无法向该药械的药品上市许可持有人、经营者、生产者等追偿，故外购药械造成的医疗损害应当由患者自己向其外购单位主张，而医院可以配合患者主张权利。

四、关于外购药械的注意事项

首先，医疗机构应制定相关的管理制度，包括医师处方（医嘱）权限、患者知情同意、批准程序、外购药品院内使用规范和患者用药安全保障等方面。其次，医院应严格履行相关程序，规范外购或自备药品和医疗器械的管理、使用和记录，医生应在医嘱中注明“自备药”，并做好病历的记录和保管工作。再次，医务人员应履行告知义务，按照诊疗规范向患者详尽告知药物的不良反应，充分告知患者使用自带药品的风险。① 最后，医院还应与患者签署相关外购或自备药械协议或责任书，明确相关权利、义务和责任以及索赔等事项。例如，《北京市市属医院外购药品等患者使用与管理的有关规定（试行）》第 1 条第 1 项明确规定，对临床必需，个别单例患者，使用目录外药品，需医师为患者开具外购药品处方时，医师应严格履行书面告知，明确告知使用范围用途及相关注意事项，开具外购药品处方前应经患者或其授权人同意并签署知情同意书。

---

① 参见黄蓄芳、梁学芹、吴洁怡：《JCI 标准下住院患者自带药品的管理实践》，载《现代医院》2020 年第 3 期。

问题35 临床上能否超说明书用药？如何依法开展？

一、超说明书用药相关情况

《处方管理办法》第6条第9项规定，“药品用法用量应当按照药品说明书规定的常规用法用量使用”。《药品管理法》第73条规定，“对有配伍禁忌或者超剂量的处方，应当拒绝调配”。按照这些规定，医师用药必须遵循药品说明书。但是，临床上有些罕见病、儿童患者以及部分肿瘤等疾病的诊疗中，没有明确的治疗药物，而某些药物在实践中超出药品说明书之外的用法被证实治疗上述等疾病有效。这就给医师提出问题，临床中能不能超说明书用药？如果使用，应当遵循什么原则？有没有法律的支持保障？

对此，中国药理学会《超说明书用药专家共识》规定，超说明书用药又称“药品说明书外用法”或“药品未注册用法”，是指药品使用的适应证、剂量、疗程、途径或人群等未在药品监督管理部门批准的药品说明书记载范围内的用法。对此，多地行业协会发布诸多的超说明书用药专家共识，如广东省药学会发布的《超药品说明书用药目录（2022年版）》是自2015年以来的第8版；四川省药学会发布的《四川省药学会超说明书用药专家共识》。同时，在中华医学会临床诊疗指南、《中华人民共和国药典临床用药须知》、中华医学会分会的专病诊断及治疗指南、专家共识，以及国内外级别较高的专业专科杂志刊登的治疗研究分析报告等医学资料中，也记载和报道了临床实践应用中出现药品的新用法。因此，相关专家共识及相关医学资料均认为可以超说明书用药。放眼国际，除印度禁止超说明书用药外，美国、德国、意大利、荷兰、新西兰和日本也均允许合理的超说明书用药。

二、“超说明书用药”的立法理解与适用

虽然临床中会出现药品的新用法，但是因更新说明书比较复杂繁琐等，药品厂家的说明书很难及时修改。那么，临床医师如何进行超说明书用药?

在以往的实践中可参照原《执业医师法》第 26 条第 2 款规定的“实验性临床医疗”来解决，“医师进行实验性临床医疗，应当经医院批准并征得患者本人或者其家属同意”，故虽然没有明确规定可以进行超说明书用药，但是强调了医师在临床医疗中为解决患者病痛，经过患者的知情同意，按照临床指南规范等，可以进行探索、实验，从而进行超说明书用药。

然而，原《执业医师法》规定的“实验性临床医疗”并无法满足临床的要求，尤其是对于按现有上市药品的说明书用药无法提供有效治疗的晚期肿瘤患者，对此国家卫生健康委员会办公厅发布的《新型抗肿瘤药物临床应用指导原则（2022 年版)》第 1 部分第 5 条规定:“随着癌症治疗临床实践的快速发展，目前上市的抗肿瘤药物尚不能完全满足肿瘤患者的用药需求，药品说明书也往往滞后于临床实践，一些具有高级别循证医学证据的用法未能及时在药品说明书中明确规定。在尚无更好治疗手段等特殊情况下，医疗机构应当制定相应管理制度、技术规范，对药品说明书中未明确、但具有循证医学证据的药品用法进行严格管理。特殊情况下抗肿瘤药物的使用权应当仅限于三级医院授权的具有高

级专业技术职称的医师，充分遵循患者知情同意原则，并且应当做好用药监测和跟踪观察。”因此，基于“临床治疗需要和循证医学证据支持”的超说明书用药也得到了官方的正式确认。

我国《民法典》第1221条规定，“医务人员在诊疗活动中未尽到与当时的医疗水平相应的诊疗义务，造成患者损害的，医疗机构应当承担赔偿责任”，故当医师遇到无药可用的罕见病、特殊病等，虽然药品说明书没有修改，但是临床上药品的用法确实被证实有效，而且相关诊疗规范和常规也有超说明书用药的循证医学证据，那么经患者知情同意后进行超说明书用药，也是符合《民法典》精神的。对此，《处方管理办法》第14条第1款规定，“医师应当根据医疗、预防、保健需要，按照诊疗规范、药品说明书中的药品适应证、药理作用、用法、用量、禁忌、不良反应和注意事项等开具处方”，也明确“诊疗规范”和“药品说明书”均是用药依据，如果用药符合诊疗规范，虽然用药超说明书但并不能以此简单认为医疗违规。

尽管实践中为了患者的利益和病情诊治的需要，可根据相关规范超说明书用药，但此前法律上缺少明确的规定。2022年3月1日起实施的《医师法》明确规定医师在符合一定条件下可以超说明书用药，其中第29条第1款规定，“医师应当坚持安全有效、经济合理的用药原则，遵循药品临床应用指导原则、临床诊疗指南和药品说明书等合理用药”，但该法第29条第2款同时规定，“在尚无有效或者更好治疗手段等特殊情况下，医师取得患者明确知情同意后，可以采用药品说明书中未明确但具有循证医学证据的药品用法实施治疗。医疗机构应当建立管理制度，对医师处方、用药医嘱的适宜性进行审核，严格规范医师用药行为”。因此，根据《医师法》的规定，符合以下三个条件可以超说明书用药：(1) 在患者疾病尚无有效或者更好治疗手段等特殊情况下；(2) 具有循证医学证据下的超说明书用药实践；(3) 医师取得患者明确知情同意。

超说明书用药的重要前提是“具有循证医学”。循证医学是在科学判断多因性疾病、综合性治疗疗效、提高治疗效果的探索中发展起来的实用科学。循证医学要求将个人临床经验、临床研究依据、基础理论等结合到一起，是《医师法》第29条第2款规定超说明书用药必须具备的条件。在实践中有两种情形：一种情形是药品说明书中未明确但在临床中使用比较成熟，有中华医学会的诊疗指南，属于高级别的循证医学证据；另一种情形是在临床中没有形成诊疗指南或没有确切的循证医学证据，仅有国内外公开发表的超说明书用药有效的个案文章或有小范围的专家共识，属于低级别的循证医学。

但是，针对罕见病、无有效治疗用药的疾病，需要医师在临床进行探索性治疗，或医师为探索性、实验性治疗循证医学开始的第一例用药，由于缺乏循证医学证据，按照《医师法》第29条的规定不能进行超说明书用药。按照《医师法》第26条的规定，“医师开展药物、医疗器械临床试验和其他医学临床研究应当符合国家有关规定，遵守医学伦理规范，依法通过伦理审查，取得书面知情同意”，这种情况可以按照试验性临床研究来处理，但须经过伦理审查和患者知情同意。

三、“超说明书用药”的相关建议

在临床用药中，首先应遵守法律法规的规定、药品临床应用指导原则、临床诊疗指南、药品说明书，坚持安全有效、经济合理的用药原则，合理使用药物，保障患者权利，维护医疗安全。只有在患者确实缺乏有效或者更好治疗手段等特殊情况下，而且超说明书用药具有循证医学证据，在取得患者明确知情同意后，医师才可以实施超说明书用药。因此，医疗机构应当建立超说明书用药管理制度，规范超说明书用药的流程，包括超说明书用药的申请审查制度、审批程序、告知及伦理要求、超说明书用药清单、全程监控制度、风险防范及应急预案、终止标准等。另外，医疗机构还应对医师处方、用药医嘱的适宜性进行审核，严格规范医师用药行为。

问题36　如何正确依法使用新技术、新方法进行诊疗？

一、医疗技术管理法规规定

（一）2009 年《医疗技术临床应用管理办法》的“分类分级管理”

2009 年原卫生部发布的《医疗技术临床应用管理办法》将医疗技术分为三类：第一类为安全性、有效性确切的医疗技术，由医疗机构自行组织实施临床应用的能力技术审核和管理；第二类为安全性、有效性确切，但涉及一定伦理问题或者风险较高的医疗技术，由省级卫生行政部门负责临床应用管理、公布目录、技术审核、审定等；第三类为涉及重大伦理问题，或高风险，或安全性，或有效性尚需进一步验证等医疗技术，由原卫生部负责临床应用管理、公布目录、论证及伦理审查、技术审核、审定等。

（二）2018 年《医疗技术临床应用管理办法》的“负面清单管理制度”

为了简政放权，加大医疗机构对其医疗技术的临床应用管理权利，将卫生行政部门从原来的技术风险管控的管理模式转变为行政程序管控的管理模式，强化医疗机构在医疗技术临床应用管理中的主体责任，加强卫生行政部门的监管责任，2018 年国家卫生健康委员会发布了《医疗技术临床应用管理办法》，其将医疗技术分为“禁止类技术”、“限制类技术”和“其他技术”。

1. 对禁止临床应用的医疗技术实施负面清单管理，包括：（1）临床应用安全性、有效性不确切；（2）存在重大伦理问题；（3）该技术已经被临床淘汰；（4）未经临床研究论证的医疗新技术。对于禁止类技术，禁止应用于临床。

2. 对限制类技术进行重点管理与备案管理，包括：（1）技术难度大、风险高，对医疗机构的服务能力、人员水平有较高专业要求，需要设置限定条件的；（2）需要消耗稀缺资源的；（3）涉及重大伦理风险的；（4）存在不合理临床应用，需要重点管理的。对限制类技术实施备案管理，医疗机构拟开展限制类技术临床应用的，应当按照相关医疗技术临床应用管理规范进行自我评估，符合条件的可以开展临床应用，并按规定要求向卫生行政部门备案。

3. 其他未纳入禁止类技术和限制类技术目录的医疗技术，由决定使用该类技术的医疗机构自我管理，医疗机构可以根据自身功能、任务、技术能力等自行决定开展临床应用，并应当对开展的医疗技术临床应用实施严格管理。

同时，2018 年《医疗技术临床应用管理办法》要求国家建立医疗技术临床应用质量管理与控制制度。医疗机构应建立医疗技术临床应用管理制度。对于医疗机构拟开展的医疗技术，应用临床前需经本机构伦理委员会审查通过，同时对本机构首次应用的医疗技术，还应当组织开展本机构技术能力和安全保障能力论证。

二、医疗技术的概念

2018 年《医疗技术临床应用管理办法》第 2 条第 1 款规定，“本办法所称医疗技术，是指医疗机构及其医务人员以诊断和治疗疾病为目的，对疾病作出判断和消除疾病、缓解病情、减轻痛苦、改善功能、延长生命、帮助患者恢复健康而采取的医学专业手段和措施”。对此需与临床研究、临床试验等概念相区别。

2018 年《医疗技术临床应用管理办法》第 2 条第 2 款规定：“本办法所称医疗技术临床应用，是指将经过临床研究论证且安全性、有效性确切的医疗技术应用于临床，用以诊断或者治疗疾病的过程”，故临床研究是应用于临床前的在人体上进行试验研究的活动。根据《药物临床试验质量管理规范》第 11 条第 1 项和《医疗器械临床试验质量管理规范》第 64 条的规定，临床试验是以人体为受试对象的药物或医疗器械安全性和有效性确认试验。根据《民法典》第 1008 条的规定，“为研制新药、医疗器械或者发展新的预防和治疗方法，需要进行临床试验”，由此可见，临床研究及临床试验是为研制新药、医疗器械或者发展新的预防和治疗方法，以人体为受试对象，确认疾病的发病机制、流行病学情况、新技术或者医疗新产品的安全性和有效性的过程。

因此，临床研究及临床试验是未得到临床认可的新药、医疗器械或者新的预防和治疗方法，需进行试验验证确认，并不能应用于临床的未成熟的措施。临床医疗技术是已经临床确认的诊断和治疗的医学专业手段和措施，属于临床上应用的医疗措施，但需加强管理控制风险。

三、依法使用医疗新技术、新方法进行诊疗

医疗新技术、新方法指的是已经应用于临床但首次在医疗机构开展的医疗技术，相对于一般常规医疗技术，其管理难度更大，医疗风险更高，对此应注意如下事项。

（一）不得将临床试验直接作为新技术、新方法应用于临床

医疗新技术、新方法首先是已经临床试验验证安全有效并可在临床上应用的医疗措施，尚未经临床试验验证确认的新药、新医疗器械、新的预防和治疗方法，并不是医疗新技术、新方法，不得直接作为新技术、新方法应用于临床。

（二）要遵循科学、安全、规范、有效、经济、符合伦理的原则

2018 年《医疗技术临床应用管理办法》第 4 条第 1 款规定，“医疗技术临床应用应当遵循科学、安全、规范、有效、经济、符合伦理的原则”，医疗机构开展医疗新技术、新方法，要对开展项目的必要性进行审查，以及审查是否符合法律规定的相关原则。

（三）按照法律规定的程序开展新技术、新方法诊疗

根据 2018 年《医疗技术临床应用管理办法》的相关规定，应对拟开展的医疗新技术、新方法进行分类。如果属于禁止类技术，那么禁止应用于临床。如果属于限制类技术，应当按照相关医疗技术临床应用管理规范进行自我评估，然后才能开展临床应用并报备。如果属于其他医疗技术，可以根据自身功能、任务、技术能力等自行决定开展临床应用，但应严格管理。

（四）开展医疗新技术、新方法，应组织论证

医疗机构应当建立医疗技术临床应用论证制度，对已证明安

全有效但属本机构首次应用的医疗新技术、新方法，应当组织医疗技术临床应用管理的专门组织，开展本机构技术能力和安全保障能力论证，只有通过论证的方可开展医疗技术临床应用。

（五）医疗新技术、新方法应通过伦理审查，方可应用于临床

医疗机构拟开展存在重大伦理风险的医疗技术，应当提请本机构伦理委员会审议，必要时可以咨询省级和国家医学伦理专家委员会。未经本机构伦理委员会审查通过的医疗技术，特别是限制类医疗技术，不得应用于临床。

（六）加强医疗新技术、新方法临床应用的规范化培训工作

由于医疗新技术、新方法开展之初，相关医务人员对其不熟悉，经验也不足，为了保证医疗质量，医疗机构应当加强首次在本医疗机构临床应用的医疗技术的规范化培训工作。

（七）落实医疗新技术、新方法医疗说明义务，尤其需要告知替代医疗方案

我国《民法典》第1219条第1款规定，“医务人员在诊疗活动中应当向患者说明病情和医疗措施。需要实施手术、特殊检查、特殊治疗的，医务人员应当及时向患者具体说明医疗风险、替代医疗方案等情况，并取得其明确同意；不能或者不宜向患者说明的，应当向患者的近亲属说明，并取得其明确同意”。因此，对患者进行医疗新技术、新方法诊疗，应向患者进行医疗说明，尤其

需要告知其替代医疗方案，防止出现因过于关注新技术、新方法而侵犯患者知情权和选择权的情况。

（八）应当根据法律规定提前预备应对方案，主动防范突发风险

由于新技术、新方法的风险较大，而且风险发生后处理经验相对不足，为了保障患者的安全，如果属于手术、特殊检查、特殊治疗等具有较高医疗风险的诊疗活动，那么应当根据《医疗纠纷预防和处理条例》第 14 条的规定提前预备应对方案，主动防范突发风险。

（九）加强医疗新技术、新方法临床应用的监督和评估

对于批准可以开展的临床新技术、新方法，必须加强监督，同时对新技术、新方法临床效果及时进行评估，对存在严重质量安全问题或者不再符合有关技术管理要求的，要立即停止该项技术的临床应用。

问题 37　医疗机构应如何依法进行临床研究?

临床研究是医学进步的重要环节，无论是医疗技术研究，还是医疗器械、药品研发等医疗创新，都需要基于临床研究评价其安全性、有效性等指标。在《民法典》出台之前，对临床试验的规范多见于《药品管理法》《药品管理法实施条例》《药物临床试验质量管理规范》等法律以及规范性文件中。但这些法律法规主要是从行政管理角度进行规范，并不是直接实现对公民个体民事权利的有效保障或公民私权利有效的司法救济。随着《民法典》的出台，明确规定临床试验基本要求的第 1008 条为受试者寻求民事救济提供了依据，完善了受试者权益的法律救济体系。[①]

在一项临床试验受试者权利保护的研究中，临床试验违规操作的类型有告知沟通不足，案件占 50%，数量最高；未购买责任保险占14.3%；不符合入组标准占 14.3%；未尽到相应注意义务占 14.3%；未补偿占 7.1%。[②] 因此，临床试验中不规范的情况还是非常多见的，那么在临床研究中应如何依法进行，才能充分保护医疗机构以及受试者的合法权益，促进临床研究顺利开展?

《民法典》第 1008 条规定："为研制新药、医疗器械或者发展新的预防和治疗方法，需要进行临床试验的，应当依法经相关主

---

① 参见牛伶：《将临床试验基本要求纳入〈民法典〉的意义》，载《检察风云》2021 年第 7 期。

② 参见吴金艳：《临床试验中受试者的权利保护研究》，西南医科大学 2021 年硕士学位论文，第 13－14 页。

管部门批准并经伦理委员会审查同意，向受试者或者受试者的监护人告知试验目的、用途和可能产生的风险等详细情况，并经其书面同意。进行临床试验的，不得向受试者收取试验费用。”基于民法角度，在进行临床研究时，应注意如下问题。

一、应当依法经相关主管部门批准，并经伦理委员会审查同意

首先研究项目必须经相关主管部门批准，同时无论是牵头机构还是参与机构，均应当组织伦理审查。参与机构伦理审查委员会在充分了解项目的整体情况后，可以简易审查程序认可牵头机构伦理审查结论。研究机构的伦理委员会应当按照原国家卫生和计划生育委员会2016年发布的《涉及人的生物医学研究伦理审查办法》和国家卫生健康委员会、教育部等4部委2023年发布的《涉及人的生命科学和医学研究伦理审查办法》进行伦理审查。

二、应当充分保护受试者的知情同意权

目前，对受试者参加临床研究的知情同意书的基本要求应当包含充分、完整的信息，并以受试者能够理解的语言文字表达。

（一）告知对象

根据我国《基本医疗卫生与健康促进法》第32条第2款、《医师法》第25条的规定，需要实施手术、特殊检查、特殊治疗的，医疗卫生人员应当及时向患者说明医疗风险、替代医疗方案等情况，并取得其同意；不能或者不宜向患者说明的，应当向患者的近亲属说明，并取得其同意。法律另有规定的，依照其规定。

因此，手术、特殊检查、特殊治疗的诊疗行为的知情同意的告知对象可以扩展到患者的近亲属。但是，根据《民法典》第 1008 条的规定，对于临床研究的受试者，其知情同意的告知对象应当是受试者或者受试者的监护人，而不扩展至近亲属。此外，根据《民法典》第 33 条的规定，具有完全民事行为能力的成年人，可以与其近亲属、其他愿意担任监护人的个人或者组织事先协商，以书面形式确定自己的监护人，在自己丧失或者部分丧失民事行为能力时，由该监护人履行监护职责。由此可见，在受试者具有完全民事行为能力的情况下，受试者本人为临床研究知情同意的告知对象。因此，临床研究的告知对象相对于一般医疗告知更为严格。

（二）告知内容

一般来说，临床研究的告知内容应当包括：研究背景、研究目的、基本研究内容、流程、方法及研究时限；研究可能给受试者、相关人员和社会带来的益处，以及可能给受试者带来的不适和风险；对受试者的保护措施；受试者的权利，包括自愿参加和随时退出、知情、同意或不同意、保密、补偿、受损害时获得免费治疗和补偿或赔偿、新信息的获取、新版本知情同意书的再次签署、获得知情同意书等；受试者在参与研究前、研究后和研究过程中的注意事项等。

三、应当获得受试者或者受试者的监护人的书面同意

对于受试者参加的临床研究项目，研究者在开展研究前，应当获得受试者自愿签署的知情同意书；受试者不能以书面方式表

示同意时，项目研究者应当获得其口头知情同意，并提交过程记录和证明材料。受试者为无民事行为能力人或者限制民事行为能力人的，应当获得其监护人的书面知情同意。当监护人代表受试者知情同意时，应该在受试者可理解的范围内告知其相关信息，并尽量让受试者亲自签署知情同意书。

四、不得向受试者收取试验费用

2018 年《医疗技术临床应用管理办法》第 2 条第 2 款规定，经过临床研究论证且安全性、有效性确切的医疗技术才能应用于临床。作为临床研究项目，其相关的疗效是不确切的，有关医疗风险也需要进行临床研究和试验进一步验证，正因为其有效性和风险性不确定才需要进行临床研究，因此临床研究并不是可以进行临床治疗的新技术、新方法，按规定不可以按照临床技术进行收费。对此，不仅《民法典》明确规定不得向受试者收取试验费用，而且《涉及人的生物医学研究伦理审查办法》第 18 条也规定，“涉及人的生物医学研究应当符合以下伦理原则：……（三）免费和补偿原则。应当公平、合理地选择受试者，对受试者参加研究不得收取任何费用，对于受试者在受试过程中支出的合理费用还应当给予适当补偿……”《药物临床试验质量管理规范》第 39 条规定，“申办者应当采取适当方式保证可以给予受试者和研究者补偿或者赔偿……（四）申办者应当免费向受试者提供试验用药品，支付与临床试验相关的医学检测费用”。因此，临床试验不应向受试者收取费用。

问题 38　发生临床试验损害时如何补偿受试者？

一、相关案例

临床试验受试者倪某，男，63 岁，因特发性血小板减少性紫癜到某医院就诊。经向受试者本人详细介绍某制药公司申办者的“注射用罗米司亭临床试验”的相关步骤、获益及可能的风险后，倪某同意参与药物临床试验并签署了《知情同意书》，于 2016 年 9 月 5 日正式入组参加该临床试验。2016 年 12 月 27 日，倪某突发急性大面积脑梗死，后研究者出具严重不良事件报告表，认为受试者倪某出现的脑梗死不能排除为血栓造成，判定可能与试验药有关。

纠纷发生后，患方将医院和制药公司起诉至法院，要求医院和制药公司连带赔偿患方的各项损失。法院经审理认为，《药物临床试验质量管理规范》和《知情同意书》指出“在试验期间或在遵守试验中规定的正常程序时发生的损害，申办者将承担治疗的费用及相应的经济补偿”。据此，法院认定制药公司应向倪某承担相应责任。倪某要求医院承担连带责任，于法无据。法院判决制药公司给付倪某经济补偿 60 万元。[①]

二、临床试验损害的赔偿主体

临床试验是指以人体（患者或健康受试者）为对象的试验，

① 参见北京市西城区人民法院民事判决书，（2017）京 0102 民初 18699 号。

意在发现或验证某种试验药物和医疗器械的临床医学、药理学以及其他疗效作用、不良反应，或者试验药物的吸收、分布、代谢和排泄等，以确定药物和医疗器械的疗效与安全性的系统性试验。

临床试验一般由申办者（制药公司或者医疗器械生产厂家）发起，委托临床试验机构及研究者（医疗机构及医务人员）按照试验方案开展，申办者获得相关临床试验文件并依据试验结果申请药品或医疗器械注册。正因为药物和医疗器械的临床的效果和风险不确定，所以才需要进行试验，那么在试验过程中发生的这种不确定风险，当然应当由试验的受益者承担，而受益者可以通过购买保险来分担这种医疗试验本身所存在的风险。由于申办者是药物或医疗器械临床试验的最终受益者，应当为临床试验所产生的损害负责，对此，《药物临床试验质量管理规范》第 39 条明确规定，申办者应当采取适当方式保证可以给予受试者和研究者补偿或者赔偿，因此若发生药物临床试验损害，申办者为赔偿或补偿主体。

三、临床试验损害的赔偿内容

由于试验用药物和医疗器械均没有通过药品监督管理部门的审批上市，临床试验与常规诊疗活动相比，风险性和不确定性显著增高。对此，《药物临床试验质量管理规范》第 39 条规定，申办者应当采取适当方式保证可以给予受试者和研究者补偿或者赔偿。同时，《医疗器械临床试验质量管理规范》第 43 条规定，受试者发生与医疗器械临床试验相关的损害或者死亡时，申办者应当承担相应的治疗费用、补偿或者赔偿，但不包括研究者和医疗器械临床试验机构自身过失以及受试者自身疾病进展所致的损害。

因此，受试者参加研究受到损害时，研究机构应及时予以治疗，同时申办者应依据法律法规及双方约定给予赔偿，对于受试者在受试过程中支出的合理费用还应当给予适当补偿。如申办方为临床试验购买了保险，发生与试验相关的损害后申办方对受试者进行赔偿的损失，可按保险合同约定向保险公司要求理赔。

另外，研究者和临床试验机构自身过失以及受试者自身疾病进展及重大过错所致的损害不在申办者赔偿、补偿范围内，对此应依照《民法典》等法律规定处理。

四、对临床试验机构及研究者的建议

第一，临床试验机构应在与申办者签订的临床试验协议中明确约定，试验相关的损害由申办者补偿。同时，申办者应当为受试者购买保险，发生与试验相关的损害而赔偿或补偿受试者后，可再向保险公司要求理赔，如未购买保险或者保险限额不足以赔付的部分由申办者自己承担，并由申办者处理临床试验相关的纠纷。

第二，在实践中，申办者可能会通过签订合同授权合同研究组织（CRO），执行申办者在临床试验中的某些职责。在这种情况下，临床试验机构应当审查申办者与其授权的合同研究组织间的授权文件，明确授权关系及授权范围，以防在发生试验相关损害时申办者与合同研究组织相互推卸责任。

第三，对于受试者出现与试验相关的不良事件，研究者和临床试验机构应当保证受试者得到妥善的医疗处理，并将相关情况如实告知受试者。

第四，研究者应当及时向申办者书面报告不良事件，并提供详尽、书面的随访报告。涉及死亡事件的报告，研究者应当向申办者和伦理委员会提供其他所需要的资料，如尸检报告和最终医学报告。

第七章

其他问题

问题39　诊疗中应当如何落实未成年人的特殊保护？

一、未成年人诊疗的特殊性

未成年人诊疗有其特点，如孩子生病，长辈也着急；家长对于孩子医疗行为的关注度很高；未成年人机体功能尚未完全发育成熟，对环境的适应性差，对疾病的抵抗力低，病情变化快。同时，年幼的未成年人也不能正确陈述和表达，而且可用于未成年人的药物有限，实践中往往比照成年人药物减量使用，存在人们所说的“看病靠猜，吃药靠掰”情况。

对未成年人的诊疗，与成年人相比存在以下特殊性：一是未成年人在民法上属于无行为能力或限制行为能力人，尚未具备诊疗相应的控制和辨认能力；二是未成年人知情同意与监护人行使权利不同于成年人的授权委托；三是未成年人的器官发育和心智不同于成年人，在用药的剂量、医疗技术的选择、医患沟通、隐私保护等方面有其特殊性；四是未成年人可能会遇到受伤害甚至虐待的问题，医疗服务设施的安全性问题，在诊疗过程中需要关注。

二、未成年人诊疗涉及的法律问题

（一）未成年人的界定

在接诊过程中，如何认定未成年人非常必要。《民法典》规定不满 18 周岁的自然人为未成年人，16 周岁以上的未成年人，以自己的劳动收入为主要生活来源的，视为完全民事行为能力人。8 周岁以上的未成年人为限制民事行为能力人，实施行为需由其法定代理人代理或同意、追认。未成年人到医院就医时，需要直系亲属或监护人陪同，但是也要区分紧急与非紧急的情况。

（二）未成年人医疗说明和医患沟通

《民法典》规定了医务人员说明义务和患者知情同意权，也对紧急情况下知情同意作出了特殊规定。未成年人知情同意首先要遵守一般规定，但是也要注意未成年人的特殊性。8 周岁以上的未成年人可以独立实施纯获利益的民事法律行为或者与其年龄、智力相适应的民事法律行为，如接受赠与、购买零食。而诊疗活动非常复杂，未成年人不可能完全理解，无权独立签署知情同意等医疗文书，医疗机构要注意这种风险。同时，要保护未成年人的合法权益，充分尊重限制民事行为能力人的意愿，要警惕监护权的滥用。

某院儿科门诊个案分析表示，医生和患者这两组群体存在明显的认知不对等：医生认为医疗信息的不对等导致双方矛盾的发生，病人则认为医疗信息之外的情感需求才是医患矛盾加深的症结所在。[①] 有研究表明，无效沟通是近 70% 的警讯事件的根本原因。[②] 因此，不仅要依法进行医疗说明，还要运用儿童患者和家属能理解的方式和语言进行交流和教育，患方在理解医院提供信息

---

① 参见陈娟、赵宇佳：《认知不对等：来自儿科诊室的医患关系研究》，载《国际新闻界》2017 年第 7 期。

② 参见宋杨：《有效沟通在手术室患者安全目标管理中的应用》，中华护理学会第 14 届全国手术室护理学术交流会议论文，2010 年 4 月于郑州。

的基础上才能作出正确决定，并参与到医疗过程中。[①]

（三）未成年人诊疗的特殊要求

《民法典》第7编“侵权责任”第6章对医疗损害责任作出了具体规定，与成年患者相比，对未成年患者的医疗服务提出更高、更细致的要求。例如，对于住院新生儿、婴幼儿和儿童患者的床铺要加以注意，以避免发生坠床不良事件；骨折治疗时要小心避免骨骺的损伤导致的肢体发育受限等。儿童患者通常不能表述自己的需求、不能理解治疗过程，也无法参与治疗决策，被认为是高风险患者。儿童患者常以体重为基础开具医嘱，医院给儿童用药的剂量应个体化，药师要对儿童用药医嘱进行审核，治疗应遵循诊疗规范。有些门诊辅助检查由于患儿年龄小不配合，需要使用药物镇静。儿童用药很可能存在说明书以外用法，特别要注意知情告知。[②]

（四）未成年人受害上报

有报道某门诊医师为女童实施人流手术，该女童被奸淫怀孕并流产，接诊医师因未强制报告，被暂停6个月执业活动。[③] 2020年5月最高人民检察院、国家监察委员会、教育部等多部门颁发的《关于建立侵害未成年人案件强制报告制度的意见（试行）》

---

① 参见朱幼玲、朱玲玲、周权：《JCI标准第四版对儿童特殊群体医疗服务的要求》，载《中国当代医药》2013年第28期。

② 参见朱幼玲、朱玲玲、周权：《JCI标准第四版对儿童特殊群体医疗服务的要求》，载《中国当代医药》2013年第28期。

③ 参见万顺顺：《检察院给医生发聘书，遇到这些事儿要强制报告》，载微信公众号“医学界”2022年9月2日，https://mp.weixin.qq.com/s/1Hcvd9erqM_VJxrh-_564A。

规定，医务人员在工作中发现未成年人的生殖器官或隐私部位遭受或疑似遭受非正常损伤的；不满 14 周岁的女性未成年人遭受或疑似遭受性侵害、怀孕、流产的；未成年人身体存在多处损伤、严重营养不良、意识不清，存在或疑似存在受到家庭暴力、欺凌、虐待、殴打或者被人麻醉等情形的，应当立即向公安机关报案或举报。这是“强制报告”义务。对此，《未成年人保护法》《医师法》也明确规定了医师的“报告义务”。

（五）未成年人的隐私保护

要注意对未成年人隐私、个人信息的保护。《民法典》第 1032 条规定了隐私的定义，即隐私是自然人的私人生活安宁和不愿为他人知晓的私密空间、私密活动、私密信息。第 1033 条列明禁止侵害他人隐私权的具体行为。第 1034 条界定了个人信息的定义，其中包括自然人的姓名、出生日期、身份证件号码、生物识别信息、住址、电话号码、电子邮箱、健康信息、行踪信息等。第 1035 条规定收集使用未成年人的个人信息应征得监护人同意。第 1226 条规定医疗机构及其医务人员应当对患者的隐私和个人信息保密。泄露患者的隐私和个人信息，或者未经患者同意公开其病历资料的，应当承担侵权责任。为保护未成年患者隐私，可在门诊诊室、注射室、心电图室、超声科或放射科等涉及敏感部位的科室，配备更衣间、隔帘或屏风，确保未成年人患者及陪同人员的防护措施到位，操作过程中注意保护患者的隐私。加强门诊区域患者引导和秩序维护，实现“一医一患一诊室”。

（六）未成年人诊疗服务设施

《未成年人保护法》第 56 条第 2 款规定，大型医院等场所运营单位应当设置搜寻走失未成年人的安全警报系统。《民法典》第 1198 条规定，经营场所、公共场所的经营者、管理者或者群众性活动的组织者，未尽到安全保障义务，造成他人损害的，应当承担侵权责任。医院要制定制度和流程，加强儿童安全管理，包括防止诱拐新生儿或抱错婴儿，预防儿童走失、丢失。医院要保障提供安全可靠的硬件环境，对重点区域，如新生儿护理区须加强保卫与监控。[①] 在医院建设中，要考虑儿童的特殊性，以儿童的视角规划和建设医院诊疗环境，充分满足儿童的权益与需求，给儿童就医提供良好的环境。[②]

三、诊疗中落实未成年人特殊保护的建议

未成年人的诊疗和诊疗过程中的特殊保护，需要从生理、心理、隐私保护、监护人特殊情况和未成年人友好设施环境等方面考虑并落实。

第一，未成年人就诊需要直系亲属或者近亲属陪同，如遇重大疾病就诊，要在直系亲属或监护人的陪同下进行。如患儿年龄较小，无自我安全防范意识，需要患者亲属就近看护。[③]

---

① 参见朱幼玲、朱玲玲、周权：《JCI 标准第四版对儿童特殊群体医疗服务的要求》，载《中国当代医药》2013 年第 28 期。

② 参见王艳艳：《基于儿童友好型城市的公共设施创新服务系统设计研究》，载《工业设计》2018 年第 3 期。

③ 参见周志勇、刘炫麟：《儿童患者特殊权利保护研究》，载《中国卫生法制》2017 年第 6 期。

第二，要加强对儿科医师的技能培训，提高儿科医师的专业水平，推动儿科医疗质量提升。[①] 不仅要考虑针对疾病的治疗，还要权衡对器官发育的影响和对相关组织的保护，注意未成年人用药剂量和适宜医疗技术的选择。

第三，促使儿科医务人员学法、知法、守法，严格按照医疗制度、操作规范诊疗。注意诊疗过程符合未成年人相关法规，如《未成年人保护法》要求医疗机构遇到未成年人受到伤害的情况应强制性上报。[②]

第四，诊疗过程中，注重未成年人人文关怀，关注未成年人心理健康。以患者为中心，开展有效的医患沟通交流。如对婴幼儿主要是减少疼痛和与家人分离的时间；对学龄儿童要专门和孩子沟通以得到理解和配合；对青春期儿童要注意特殊病情与青春期心理的关系等。

第五，未成年人就诊需要做好隐私保护，尤其是保护隐私部位，查体需要陪同人员在场一同检查或者其他医疗人员陪同检查。不得泄露患者的隐私和个人信息，或者未经患者同意公开其病历资料。

第六，随着患儿年龄的增长，逐步加大知情权范围。8 岁以上未成年人要考虑部分知情权问题，原则上年龄越大的未成年人应该拥有更多的知情权。但如遇重大疾病，注意适当避开未成年人。需要关注共同监护人意见的一致性、监护人的选择明显不利于未

---

① 参见李作娅、唐昌奎等：《绵阳市人民医院儿科开展“三好一满意”活动满意度调查研究》，载《中国医学伦理学》2012 年第 5 期。

② 参见茅慧萍：《儿科医生防控医疗纠纷的技巧》，载《中医药管理杂志》2016 年第 13 期。

成年人时的甄别和处理。

第七，提供未成年人诊疗安全可靠的硬件设施，包括对存在安全隐患的区域进行监控并加强保卫，避免环境设施对未成年人造成伤害。[①] 依据未成年患者年龄、心智发育状况和健康状况适当配备必要的设施，如在儿科门诊区与病房区设立隔离防护门和适合儿童患者的娱乐场所等，注意提升病房的颜色设计、带有儿童性质的标识等友好度。[②]

① 参见朱幼玲、朱玲玲、周权：《JCI 标准第四版对儿童特殊群体医疗服务的要求》，载《中国当代医药》2013 年第 28 期。

② 参见周志勇、刘炫麟：《儿童患者特殊权利保护研究》，载《中国卫生法制》2017 年第 6 期。

问题40 孕妇孕中晚期妊娠时要求致死性引产，医疗机构应如何处理？

一、关于终止妊娠的相关规定

（一）医师应当建议终止妊娠的情形

我国《母婴保健法》第18条规定，“经产前诊断，有下列情形之一的，医师应当向夫妻双方说明情况，并提出终止妊娠的医学意见：（一）胎儿患严重遗传性疾病的；（二）胎儿有严重缺陷的；（三）因患严重疾病，继续妊娠可能危及孕妇生命安全或者严重危害孕妇健康的”。因此，对胎儿有严重遗传性疾病、严重缺陷，或者继续妊娠将严重危及产妇生命健康安全的情况，医师应当建议终止妊娠。

（二）医师应告知但由孕妇夫妻自行选择处理方案的情形

《产前诊断技术管理办法》第24条规定，“在发现胎儿异常的情况下，经治医师必须将继续妊娠和终止妊娠可能出现的结果以及进一步处理意见，以书面形式明确告知孕妇，由孕妇夫妻双方自行选择处理方案，并签署知情同意书。若孕妇缺乏认知能力，由其近亲属代为选择。涉及伦理问题的，应当交医学伦理委员会讨论”。因此，发现胎儿异常时，经告知相关事项后，在符合伦理的情况下由孕妇夫妻自行选择处理方案。

（三）不得人工终止妊娠的情形

《禁止非医学需要的胎儿性别鉴定和选择性别人工终止妊娠的规定》（2016年）第9条规定，“符合法定生育条件，除下列情形外，不得实施选择性别人工终止妊娠：（一）胎儿患严重遗传性疾病的；（二）胎儿有严重缺陷的；（三）因患严重疾病，继续妊娠可能危及孕妇生命安全或者严重危害孕妇健康的；（四）法律法规规定的或医学上认为确有必要终止妊娠的其他情形”。2021年8月20日修正施行的《人口与计划生育法》第39条规定，“严禁非医学需要的选择性别的人工终止妊娠”。因此，除患有严重遗传性疾病、严重缺陷或者继续妊娠将严重危及产妇生命健康安全以及其他确有必要终止妊娠的情形等医学需要外，不得实施“选择性别”的人工终止妊娠引产。同时，《妇女权益保障法》第32条规定：“妇女依法享有生育子女的权利，也有不生育子女的自由。”现已废止的2003年《禁止非医学需要的胎儿性别鉴定和选择性别的人工终止妊娠的规定》第7条中关于妊娠14周以上非医学原因终止妊娠需经批准的规定不再施行。因此，妇女具有生育自由和权利，当然在不违反法律强制性规定的前提下，也有不生育的权利和自由。由于法律明确规定了禁止“非医学需要的选择性别的”人工终止妊娠，故除了“非医学需要选择性别”以外，孕妇有权选择引产人工终止妊娠。

二、人工引产终止妊娠的实施

关于人工终止妊娠的实施，分以下几种情况处理。

1. 对于早期妊娠孕妇，由于孕早期人工流产时并不知道胎儿的性别，不存在性别选择的人工终止妊娠，早期妊娠人工流产一般根据孕妇的要求进行。

2. 对于中晚期妊娠孕妇，如果属于“确属医学需要”而“医师建议引产人工终止妊娠”，那么孕妇可要求引产人工终止妊娠。

3. 如中晚期胎儿存在异常，由孕妇夫妻选择处理方案，但不应基于性别选择而终止妊娠，且不得违反伦理原则。

4. 对于中晚期妊娠孕妇，如果是“非医学需要而选择性别”的情形，则不应进行引产人工终止妊娠。

5. 对于中晚期妊娠孕妇，如果不是“医学需要”，也不是“性别选择”等其他原因，如夫妻准备或已离婚而不想再生育孩子时，因不存在法律明文禁止的情形，基于法律规定的妇女生育的权利和自由，在鉴别孕妇申请引产的真实原因，且审查不违反医学伦理，并向患方充分履行医疗说明义务后，可以根据孕妇的要求进行引产人工终止妊娠。

问题 41　如何理解“胎儿”？胎儿依法享有哪些权利？

一、相关案例

甲、乙系夫妻关系，妻子甲因怀孕待产入住某医院，经过近10小时的生产，胎儿娩出1分钟内阿氏评分0分，经心肺复苏、注射肾上腺素、氧气吸入等措施后阿氏评分依然为0分。鉴定认为该医院在甲分娩过程中未尽到注意义务，存在过错，建议过错参与度为60%—70%。甲、乙诉请医院赔偿损失若干，其中包含死亡赔偿金。[①]那么，胎儿是否具有民事权利能力？《民法典》第16条中的“胎儿”应当如何理解？胎儿依法享有哪些权利？

二、胎儿的权利

胎儿是指自然人未出生但在受胎之中的生物体状态。为了保护胎儿的利益，民法实行预先保护主义，规定胎儿以将来非死产者为限，关于其个人利益的保护，视为即已出生。其含义是，在胎儿娩出时是活体的情况下，法律将其出生时间提前，视胎儿为已出生，使胎儿具有部分民事权利能力，从而得以享受部分权利。[②] 因此，胎儿取得部分民事权利能力应以“娩出时为活体”

---

① 江西省遂川县人民法院民事判决书，(2019) 赣0827民初1521号；江西省吉安市中级人民法院民事判决书，(2020) 赣08民终874号。

② 参见杨立新主编：《〈中华人民共和国民法典〉条文精释与实案全析》（上），中国人民大学出版社2020年版，第25页。

为条件。在胎儿出生前，可以享有的一切权利，包括损害赔偿请求权、抚养费请求权、继承权、受继承权、非婚生胎儿对其生父的认领请求权等。

对此，《民法典》第 16 条规定，“涉及遗产继承、接受赠与等胎儿利益保护的，胎儿视为具有民事权利能力。但是，胎儿娩出时为死体的，其民事权利能力自始不存在”。这一条是对胎儿利益保护的规定，是在原《继承法》第 28 条“遗产分割时，应当保留胎儿的继承份额。胎儿出生时是死体的，保留的份额按照法定继承办理”规定的基础上，增加了“接受赠与等胎儿利益”，扩大了胎儿的民事权利能力，而且“等”字意味着胎儿的权利保护不局限于遗产继承、接受赠与这两点，为胎儿的民事权利能力预留出了开放式的空间。

三、胎儿权利的限制

胎儿依法享有权利，最早可以追溯至罗马法时期，哈德里安努斯帝规定，凡胎儿自怀孕至出生，生母曾取得自由权的，纵使生母于分娩时仍为奴隶，出生的婴儿即为自由人。[①] 这意味着胎儿可以具有民事权利能力，但是根据我国《民法典》第 13 条的规定，胎儿不属于自然人，因此不具备完全民事权利能力，用“视为”即赋予胎儿民事权利能力，是为了对胎儿的利益进行保护，此种权利属于部分民事权利能力。

部分民事权利能力指的是只具有部分人格要素的主体在特定

---

① 参见杨立新、李怡雯：《中国民法典新规则要点》，法律出版社 2020 年版，第14 - 16 页。

情况下享有的民事权利能力状态，与完全民事权利能力相对应。[①]。民事权利能力一般包括享有权利和承担义务两方面，但对于胎儿利益的特殊保护，仅在部分情况下赋予胎儿权利，不允许额外增加胎儿义务。对此，《民法典》第16条除了所列举的“遗产继承、接受赠与”两种情形外，还规定了“等”字对胎儿部分民事权利能力进行扩展。胎儿利益保护典型存在于遗产继承和损害赔偿两方面，即部分存在的身份权和财产权，但是“等”字意味着不仅是在遗产继承和接受赠与两方面保护胎儿利益，对其他涉及胎儿利益的权利也要给予法律保护，内容包括：（1）人身损害赔偿权；（2）抚养损害赔偿请求权；（3）身份权请求权。

案例中，关于死亡赔偿金的认定，关键在于涉案胎儿出生后是否具有民事权利能力。由于《民法典》第16条明确规定，胎儿的民事权利能力应以其出生为前提条件，经鉴定胎儿属于死产儿，娩出时不存在生命体征，符合第16条规定的“娩出时为死体”，所以依据法律规定不具有民事权利能力，故法院对甲、乙夫妻主张死亡赔偿金的诉讼请求，不予支持。

四、胎儿的范围

从医学的层面来讲，胚胎发育至12周时，分化出四肢并且形成了伴随微弱波动的心脏雏形，此时称为胎儿，在此之前则称为胚胎。但是在法学范围内，将怀孕期间一分为二，以医学标准来定义“胎儿”，12周之前的阶段将处于法律空白之中，有违大众

① 参见杨立新：《〈民法总则〉中部分民事权利能力的概念界定及理论基础》，载《法学》2017年第5期。

的普遍观点，因此在法学中，将胚胎从受精卵开始直至从母体娩出之前的一段时间均称为“胎儿”是普遍认同的观点。[①]

对于体外受精形成的受精卵在学术界存在两种观点：主体说和客体说。客体说将体外的受精卵作为一种特殊的物，通过物权的手段进行保护，所以此时的受精卵不能称为“胎儿”，不适用《民法典》第16条对于胎儿利益保护的规定，而应当引用“物权”编的相关规定。2014年江苏省无锡市审理了国内首例因争夺冷冻胚胎监管权和处置权引发的纠纷，[②] 该案一审案由为继承权纠纷，二审将该案的案由定性为监管权和处置权纠纷。一审将冷冻胚胎视为特殊之物，二审则采用了人与物之间的过渡存在这一表述，从生命伦理以及人格利益的方面论述胚胎的归属，并没有简单地以物论。胚胎在孕育过程中始终处在不停变化生长的各个阶段，对于不同时期的胚胎应当结合客观事实进行论证，而不是简单地用“是与否”的统一标准定义。

① 参见胡静：《浅析胎儿利益保护问题——以民法总则16条为依据》，载《学理论》2021年第6期。

② 参见龙卫球主编：《中华人民共和国民法典总则编释义》，中国法制出版社2020年版，第44－46页。

问题42　“死体”如何界定？

一、如何界定“死体”

对于如何界定娩出是“死体”，目前法律并没有明确规定；对于娩出“死体”的认定，采用医学界的通常标准认定。按照医学上的定义，妊娠20周后，胎儿在子宫内死亡，称为死胎。胎儿在分娩过程中死亡，称为死产，也是死胎的一种。[①] 根据联合国儿童基金会、世界卫生组织、世界银行集团以及联合国经济和社会事务部人口司就死产问题发布的首份联合报告《被忽视的悲剧：全球死胎的负担》，将死产定义为妊娠满28周及以上的胎儿出生时没有生命迹象。[②]

关于“死体”的界定，实践中常见的认定依据主要有：一是独立呼吸说；二是生命体征说；三是阿氏评分；四是肺浮扬试验。

（一）独立呼吸说

独立呼吸说认为，胎儿全身娩出脱离母体后不能自主独立呼吸，即认定胎儿是死体。传统上，临床医学一直将心跳和呼吸停

① 参见谢幸、孔北华、段涛主编：《妇产科学》（第9版），人民卫生出版社2018年版，第140页。

② See UNICEF, WHO, World Bank Group and United Nations, *A Neglected Tragedy: The Global Burden of Stillbirths 2020*, UNICEF (October 2020), https://www.unicef.org/reports/neglected-tragedy-global-burden-of-stillbirths-2020.

止作为死亡的标志。[①] 但是，呼吸不是判断生命体征的唯一指征，标志生命活动存在的生命体征主要有心率、呼吸、体温、脉搏、血压、瞳孔和意识等，呼吸只是上述指征之一。在司法实践中，湖南省常德市中级人民法院对某医院依据独立呼吸说主张娩出的女婴是死体的意见不予采纳。法院认为，标志生命活动存在的生命体征主要有心率、呼吸、体温、脉搏、血压、瞳孔和意识等。无自主呼吸仅指生物个体在自然状态下不能由自己调节和控制呼吸过程，并非意味着死亡。[②]

（二）生命体征说

生命体征说认为，应当将是否具有生命体征，即依据呼吸、体温、脉搏、血压来判定胎儿娩出是活体还是死体。胎儿全身娩出脱离母体后，只要有过生命体征 4 项中的一项，就可以认定胎儿是活体。若胎儿没有任何生命体征，认定胎儿娩出时为死体。世界卫生组织对于活产的定义与生命体征说基本相同，但世界卫生组织对于生命体征指标的界定与生命体征说有所不同。按照世界卫生组织的定义，胎儿全身娩出脱离母体后，只要有过呼吸动作或显示过生命现象的 4 项指标中任何一项者，即呼吸、心跳、脐带搏动及随意肌收缩，即为活产，反之则为死产。深圳市中级人民法院的（2020）粤 03 民终 19157 号民事判决书中对“死体”的判定采用了世界卫生组织的界定。

---

① 参见常林主编：《法医学》，中国人民大学出版社 2008 年版，第 71 页。

② 参见湖南常德市中级人民法院民事判决书，（2019）湘 07 民终 468 号。

（三）阿氏评分

阿氏评分认为，胎儿全身娩出脱离母体后，若阿氏评分为 0 分，则可认定胎儿娩出时为死体。阿氏评分内容包括颜色、心率、对刺激的反应、肌张力和呼吸 5 项指标，每项 0—2 分，总共 10 分。阿氏评分 8—10 分为正常，4—7 分为轻度窒息，0—3 分为重度窒息。[①] 阿氏评分 0 分只能说明胎儿娩出时，属于重度窒息，并不能说明胎儿娩出时为死体。因此，阿氏评分虽然对判断胎儿是活体还是死体有一定的借鉴意义，但该评分是医学上用来反映新生儿窒息程度的标准，并不是判定胎儿为活体或死体的标准。司法实践中最高人民法院发布的全国法院系统 2020 年度优秀案例中亦是如此认为。[②]

（四）肺浮扬试验

肺浮扬试验是法医学上鉴定新生儿生前死亡还是生后死亡的判断依据。肺浮扬试验阳性：全肺连同心脏一起上浮，说明肺已充分呼吸；肺浮扬试验阴性：全肺下沉，可认为死产儿或结合临床及法医学病理，具体分析生前死或生后死。单纯的肺浮扬试验阴性不能作为判定胎儿娩出时为死体的唯一标准，要同时结合临床及法医学病理，视具体情况而定。[③] 深圳市中级人民法院未采纳

---

① 参见王卫平、孙锟、常立文主编：《儿科学》（第 9 版），人民卫生出版社 2018 年版，第 97 页。

② 湖南常德市中级人民法院民事判决书，（2019）湘 07 民终 468 号。

③ 参见安思训、李洪涛等：《探讨新生儿肺浮扬实验的意义》，法医临床学专业理论与实践——中国法医学会·全国第十九届法医临床学学术研讨会论文，2016 年 8 月于赤峰。

广东中一司法鉴定中心依据双肺浮扬试验阴性认定胡某之子为死体的司法鉴定意见，理由是与病程记录反映的事实不符，与世界卫生组织对新生儿的定义相冲突。[①]

综上，结合《民法典》对胎儿利益进行充分保护的立法精神，应摒弃独立呼吸说，采用以世界卫生组织的界定和生命体征说为主，阿氏评分为辅的界定标准来判定胎儿娩出是否为死体。若对死体结论存在争议可进行司法鉴定，由法院根据尸检结果和医方的病程记录等病历资料综合评判。

二、界定“死体”的法律意义和目的

我国《民法典》第 16 条规定，涉及遗产继承、接受赠与等胎儿利益保护的，胎儿视为具有民事权利能力。但是，胎儿娩出时为死体的，其民事权利能力自始不存在。从该条规定来看，其并没有明确规定胎儿利益的保护范围，而是使用了“遗产继承、接受赠与等胎儿利益”的表述。按照《民法典》第 13 条的规定，自然人的民事权利能力始于出生，胎儿出生前并不属于民事主体。故《民法典》第 16 条对胎儿利益的保护也是有条件的，按照该条规定的“胎儿娩出时为死体的，其民事权利能力自始不存在”，即对胎儿利益的保护以其娩出时是活体为条件，如胎儿娩出时是死体，其出生前所取得的各项民事权益自始不存在。

① 深圳市中级人民法院民事判决书，（2020）粤 03 民终 19157 号。

问题43 未成年人能否进行器官捐献?

我国人体器官移植技术始于20世纪50年代,[①] 近年来获得了蓬勃发展,其中一个重要的原因在于作为器官移植的前端——器官捐献有了重要改观,现已跃居世界第二位。截至2021年3月10日,我国实现器官捐献33,911例,捐献器官100,130个。[②] 但也应当看到,器官捐献的现状仍然远远不能满足我国器官移植的实际需求。

一、我国目前器官捐献的立法现状

我国器官捐献遵循自愿、无偿原则。在理论界,有的学者认为器官捐献是指自然人自愿、无偿地捐献自己的器官、血液、骨髓、角膜等身体组成部分甚至捐献遗体的行为。[③] 这一界定虽有一定的道理,但存在外延过宽的不足。况且在实践中,器官捐献与血液捐献、遗体捐献进行了区分对待,适用不同的法律规范加以调整。例如,器官捐献主要适用《民法典》《人体器官移植条例》《关于规范活体器官移植的若干规定》《人体器官移植技术临床应用管理暂行规定》《人体器官移植技术临床应用管理规范》等,

---

① 参见唐义红、荣振华主编:《活体器官移植法律与伦理问题研究》,中国政法大学出版社2017年版,第277页。

② 参见江文诗、孙永康、闫娟等:《2020年全球器官捐献和移植概况》,载《器官移植》2021年第4期。

③ 参见王利明:《人格权重大疑难问题研究》,法律出版社2019年版,第408页。

而血液捐献主要适用《献血法》《临床输血技术规范》等，因此不宜将其完全混为一体。综上所述，可以将器官捐献理解为自然人自愿、无偿地捐献自己器官的行为。

当前，规范我国器官捐献的法律文件主要是国务院于 2007 年 3 月 31 日发布、2007 年 5 月 1 日起施行的《人体器官移植条例》，除了这一行政法规之外，原卫生部还颁布了《关于规范活体器官移植的若干规定》等规范性法律文件，各省市按照法定的职权和程序出台了一些地方性法规，例如《福建省遗体和器官捐献条例》《湖北省人体器官捐献条例》《贵州省人体器官捐献条例》《云南省人体器官捐献条例》《天津市人体器官捐献条例》《重庆市遗体和人体器官捐献条例》等。2020 年 5 月 28 日通过、2021 年 1 月 1 日起实施的《民法典》在充分借鉴和吸收《人体器官移植条例》现有规定的基础上，对器官捐献问题在“人格权”编中进行了规定，以充分尊重和保障自然人的人格权。因此，我国已经初步建立起器官捐献的法律规范体系。

二、未成年人的器官捐献问题

在器官捐献的主体上，无论是《人体器官移植条例》还是《民法典》均作了相关限定。《人体器官移植条例》第 8 条规定，“捐献人体器官的公民应当具有完全民事行为能力。公民捐献其人体器官应当有书面形式的捐献意愿，对已经表示捐献其人体器官的意愿，有权予以撤销。公民生前表示不同意捐献其人体器官的，任何组织或者个人不得捐献、摘取该公民的人体器官；公民生前未表示不同意捐献其人体器官的，该公民死亡后，其配偶、成年子女、父母可以以书面形式共同表示同意捐献该公民人体器官的意愿”。该条例第 9 条规定，“任何组织或者个人不得摘取未满 18 周岁公民的活体器官用于移植”。我国《民法典》第 1006 条规定，“完全民事行为能力人有权依法自主决定无偿捐献其人体细胞、人体组织、人体器官、遗体。任何组织或者个人不得强迫、欺骗、利诱其捐献。完全民事行为能力人依据前款规定同意捐献的，应当采用书面形式，也可以订立遗嘱。自然人生前未表示不同意捐献的，该自然人死亡后，其配偶、成年子女、父母可以共同决定捐献，决定捐献应当采用书面形式”。从上述规定可知，器官捐献者必须是完全民事行为能力人。根据我国《民法典》第 18 条的规定，“成年人为完全民事行为能力人，可以独立实施民事法律行为。十六周岁以上的未成年人，以自己的劳动收入为主要生活来源的，视为完全民事行为能力人”。由此可见，法律出于未成年人身体发育尚未完全、难以具备充分的判断和辨认能力以及器官捐献可能对其身心健康带来重大影响等考虑，其不能作为器官捐献的同意主体，父母也不能代理行使这一具有显著人身性质的行为。

三、未成年人死亡后的器官捐献问题

在实践中，若是未成年人生前作出器官捐献意愿的行为，该意愿是否具有法律效力？我国《民法典》第 153 条规定，“违反法律、行政法规的强制性规定的民事法律行为无效。但是，该强制性规定不导致该民事法律行为无效的除外。违背公序良俗的民事法律行为无效”。因此，对于一般的未成年人而言，其生前作出器官捐献意愿的行为属于无效。不过需要注意的是，若是未成年人死亡，此时其民事主体已经不存在。若是其生前曾经作出器官捐献的意愿，那么其父母共同决定捐献也符合未成年人的生前遗愿；

如果未成年人生前虽未作出器官捐献的意愿，但也没有作出反对器官捐献的意愿，根据我国《民法典》第1006条的规定，其父母仍可共同决定器官捐献。

当前，国家卫生健康行政部门已经对《人体器官移植条例》启动了修订工作，形成并公布了《人体器官移植条例（修订草案）（征求意见稿）》，其第10条明确规定，任何组织或者个人不得摘取未满18周岁公民的活体器官用于移植，构成犯罪的，依法追究刑事责任。近些年来，社会上不断地出现孩子重病不治、生前自愿捐献器官的感人事例，这引起了社会上很大的反响，人们纷纷赞扬这些孩子的高尚品德，但也需要父母等近亲属重视法律的规定，否则将踩踏“红线”承担法律责任。

问题44　《民法典》中的“重大疾病”如何界定？

我国《民法典》第1053条规定，“一方患有重大疾病的，应当在结婚登记前如实告知另一方；不如实告知的，另一方可以向人民法院请求撤销婚姻。请求撤销婚姻的，应当自知道或者应当知道撤销事由之日起一年内提出”。法条中的“重大疾病”该如何界定，成为大家普遍关注的问题。

一、从婚姻制度相关立法梳理“重大疾病”可能的范围

实际上，涉及不应当结婚的重大疾病的条款一直以“禁止结婚的情形或医学上认为不应当结婚的疾病”存在于我国的婚姻法律制度中。1934年颁布的《中华苏维埃共和国婚姻法》第5条明确规定，禁止男女在三代以内亲族血统的结婚。第6条明确规定，禁止患花柳病，麻疯，肺病等危险性传染病者的结婚。但经医生验明认为可以结婚者，不在此例。第7条明确规定，禁止患神经病及疯瘫者的结婚。[①] 1939年颁布的《陕甘宁边区婚姻条例》第8条明确规定，直接血统关系者以及患有花柳病、麻疯病、精神病、癫痫病等不治之恶疾，经医生证明者禁止结婚，[②] 扩大禁婚疾病范围的同时删掉但书条款。1941年颁布的《晋察冀边区婚姻条例》

---

① 《中华苏维埃共和国婚姻法》，载《江西社会科学》1981年第S1期。

② 参见高留志、尹潇潇：《浅析“重大疾病”条款的理解与适用》，载《商丘师范学院学报》2021年第8期。

第6条第2项、第3项明确规定，患花柳病、精神病、重肺病、疯瘫病等不治之恶疾者，但经医生证明可以结婚者不在此限；生理缺陷不能人道者禁止结婚。[①] 1950年颁布的《婚姻法》第5条第2项、第3项明确规定，有生理缺陷不能发生性行为者；患花柳病或精神失常未经治愈，患麻风或其他在医学上认为不应结婚之疾病者禁止结婚。1980年《婚姻法》第6条第2项规定，患麻风病未经治愈或患其他在医学上认为不应当结婚的疾病禁止结婚。2001年颁布的《婚姻法》第7条第2项明确规定，患有医学上认为不应当结婚的疾病禁止结婚。

通过梳理不难发现，随着医学可以治愈的疾病范围的增加，法定禁婚疾病中减少了可以治愈的疾病，增加了“医学上认为不应当结婚的疾病”。但正如《关于〈民法典各分编（草案）〉的说明》所指出的，“患有医学上认为不应当结婚的疾病者禁止结婚”的规定在实践中难以操作。婚姻自由是我国婚姻制度的基本原则，将特定疾病从婚姻无效要件修改为婚姻可撤销要件的做法能够很好地尊重当事人的婚姻自主权。[②] 因此，为尊重当事人的婚姻自主权，《民法典各分编（草案）》第830条规定，一方患有严重疾病的应当在结婚登记前如实告知对方，不如实告知的，对方可以请求撤销该婚姻[③]，《民法典婚姻家庭编（草案二次审议稿）》修改为“一方患有重大疾病的，应当在结婚登记前如实告知另一方；

① 参见严雯：《晋察冀边区婚姻条例》，载《档案天地》2020年第12期。

② 参见吴东蔚：《〈民法典婚姻家庭编〉编撰视野下重大疾病条款研究》，载《广西政法管理干部学院学报》2020年第2期。

③ 《关于〈民法典各分编（草案）〉的说明》，载北大法宝网2018年8月，https：//www. pkulaw. com/protocol/17652f9c2ddc807f86cc7817c38298fabdfb. html？ keyword = % E6% B0% 91% E6% B3% 95% E5% 85% B8% 20。

不如实告知的，另一方可以向婚姻登记机关或者人民法院请求撤销该婚姻”①，《民法典婚姻家庭编（草案三次审议稿）》亦如此规定②。最终《民法典》采取二、三审议稿，其第1053条提出隐瞒重大疾病可撤销婚姻制度，自此“重大疾病”取代“医学上认为不应当结婚的疾病”。

对于“医学上认为不应当结婚的疾病”，1986年颁布的《异常情况的分类指导标准（试行）》明确规定，婚配双方均患有重症智力低下者不许结婚；患有性病、麻风病未治愈者，精神分裂症、躁狂抑郁症和其他精神病发病期间以及各种法定报告传染病规定的隔离期间暂缓结婚；患有严重遗传性疾病者可以结婚但不许生育。2002年颁布的《婚前保健工作规范（修订）》明确规定，如一方或双方患有重度、极重度智力低下，不具有婚姻意识能力或在病情发作期有攻击危害行为的重型精神病的“不宜结婚”，患有不宜生育的严重遗传性疾病或其他重要脏器疾病以及医学上认为不宜生育的疾病“不宜生育”。《母婴保健法》第9条、第38条指出，“经婚前医学检查，对患指定传染病在传染期内或者有关精神病在发病期内的，医师应当提出医学意见；准备结婚的男女双方应当暂缓结婚”，其中“指定传染病，是指《中华人民共和国传染病防治法》中规定的艾滋病、淋病、梅毒、麻疯病以及医学上认为影响结婚和生育的其他传染病。严重遗传性疾病，是指

---

① 《民法典婚姻家庭编（草案二次审议稿）征求意见》，载北大法宝网2019年7月5日，https：//www. pkulaw. com/protocol/8bdff3034e35d6697f5156ba72a32ac2bdfb. html？keyword = %E6%B0%91%E6%B3%95%E5%85%B8%20。

② 《民法典婚姻家庭编（草案三次审议稿）征求意见》，载北大法宝网2019年10月31日，https：//www. pkulaw. com/protocol/72866763679c7a410f27a064441f174bbdfb. html？keyword = %E6%B0%91%E6%B3%95%E5%85%B8%20。

由于遗传因素先天形成，患者全部或者部分丧失自主生活能力，后代再现风险高，医学上认为不宜生育的遗传性疾病。有关精神病，是指精神分裂症、躁狂抑郁型精神病以及其他重型精神病”。

综上，现行立法中“医学上认为不应当结婚的疾病”主要包括“重症智力低下”“严重遗传性疾病”“影响结婚和生活的传染病”“精神疾病”四类。根据“举重以明轻”的原则，《民法典》规定的“重大疾病”的范围应广于原《婚姻法》规定的“医学上认为不应当结婚的疾病”,[①] 因此上诉四类疾病属于“重大疾病”。

二、从实践考察“重大疾病”可能的范围

重大疾病具体是什么病，或者某种疾病是不是重大疾病，需要司法机关和有关的部门、单位在司法实践中进行认定。[②]

从司法实践的角度，以“重大疾病”“婚姻”为关键词，将文书类型限制为“判决书”，案由限定为“撤销婚姻纠纷”在威科先行法律信息数据库上进行检索，共得到36份判决书，通过梳

① 参见王贵松：《强制婚检制该何去何从》，载微信公众号“明德公法”2022年1月23日，https://mp.weixin.qq.com/s/fTOeEDwj3jMiqOwztpYK7Q。

② 参见中共中央宣传部宣传教育局、全国人大常委会法制工作委员会民法室、司法部普法与依法治理局编：《〈中华人民共和国民法典〉婚姻家庭编学习读本》，中国民主法制出版社2021年版，第40页。

理发现精神分裂症[①]等精神性疾病[②]、传染病（艾滋病[③]、淋病[④]、人乳头瘤病毒感染[⑤]）、无子宫[⑥]/卵巢[⑦]等疾病多被法院认定为属于“重大疾病”，而抑郁症或焦虑状态[⑧]、糖尿病及其并发症[⑨]、男性功能障碍[⑩]、一侧输卵管切除[⑪]、精子活力不足[⑫]、畸胎瘤[⑬]等疾病均不属于“重大疾病”。因此，司法实践与通过立法梳理的重大疾病的范围是相互印证的。值得注意的是，司法实践中，即使

① 广东省雷州市人民法院民事判决书，(2021) 粤 0882 民初 3222 号；吉林省公主岭市人民法院民事判决书，(2021) 吉 0184 民初 3486 号；内蒙古自治区杭锦后旗人民法院民事判决书，(2021) 内 0826 民初 1714 号；湖南省绥宁县人民法院民事判决书，(2021) 湘 0527 民初 868 号；福建省晋江市人民法院民事判决书，(2021) 闽 0582 民初 5764 号；山东省寿光市人民法院民事判决书，(2021) 鲁 0783 民初 4015 号；浙江省天台县人民法院民事判决书，(2021) 浙 1023 民初 1370 号；安徽省马鞍山市花山区人民法院民事判决书，(2021) 皖 0503 民初 1681 号；河南省鹿邑县人民法院民事判决书，(2021) 豫 1628 民初 1545 号；重庆市大足区人民法院民事判决书，(2021) 渝 0111 民初 243 号；四川省内江市东兴区人民法院民事判决书，(2021) 川 1011 民初 218 号；浙江省台州市路桥区人民法院民事判决书，(2020) 浙 1004 民初 5692 号；江西省安义县人民法院民事判决书，(2021) 赣 0123 民初 1731 号；重庆市垫江县人民法院民事判决书，(2021) 渝 0231 民初 2896 号；北京市第二中级人民法院民事判决书，(2021) 京 02 民终 5275 号；北京市密云区人民法院民事判决书，(2021) 京 0118 民初 3834 号。

② 四川省旺苍县人民法院民事判决书，(2021) 川 0821 民初 1249 号；陕西省周至县人民法院民事判决书，(2021) 陕 0124 民初 1231 号；四川省江油市人民法院民事判决书，(2021) 川 0781 民初 2372 号。

③ 吉林省长春净月高新技术产业开发区人民法院民事判决书，(2021) 吉 0194 民初 1984 号；陕西省西安市莲湖区人民法院民事判决书，(2021) 陕 0104 民初 7862 号；广东省廉江市人民法院民事判决书，(2021) 粤 0881 民初 2654 号；四川省成都市成华区人民法院民事判决书，(2021) 川 0108 民初 3365 号。

④ 山东省济南市历下区人民法院民事判决书，(2021) 鲁 0102 民初 3323 号。

⑤ 江西省金溪县人民法院民事判决书，(2021) 赣 1027 民初 2023 号。

⑥ 四川省剑阁县人民法院民事判决书，(2021) 川 0823 民初 2139 号。

⑦ 浙江省杭州市萧山区人民法院民事判决书，(2021) 浙 0109 民初 452 号。

⑧ 北京市西城区人民法院民事判决书，(2021) 京 0102 民初 27762 号；福建省泉州市丰泽区人民法院民事判决书，(2021) 闽 0503 民初 6951 号。

⑨ 河南省信阳市中级人民法院民事判决书，(2021) 豫 15 民终 3938 号。

⑩ 北京市海淀区人民法院民事判决书，(2021) 京 0108 民初 25210 号。

⑪ 北京市朝阳区人民法院民事判决书，(2021) 京 0105 民初 42418 号。

⑫ 四川省南充市嘉陵区人民法院民事判决书，(2021) 川 1304 民初 1390 号。

⑬ 内蒙古自治区额尔古纳市人民法院民事判决书，(2021) 内 0784 民初 301 号。

患有重大疾病，在婚前已如实告知[①]或婚姻双方关系良好[②]，法院也不支持撤销婚姻关系，这表明实践中将“医学上认为不应当结婚的疾病”纳入“重大疾病”的同时，也将所患疾病“是否足以影响另一方当事人缔结婚姻的自由意志”“是否对双方婚后生活造成重大影响”作为是否属于“重大疾病”的判断标准。

从医疗卫生领域，医学上并无确定的“重大疾病”的科学的判决标准。2020 年发布的《重大疾病保险的疾病定义使用规范(2020 年修订版)》将重大疾病病种数由 25 种扩展到 28 种。[③] 但医疗领域相关政策文件中涉及“重大疾病”往往出于治疗或救助等目的，如医保政策扩大所划定的重大疾病范围的目的是让更多的人得到医疗救助，不能作为撤销婚姻的依据[④]，如以医保政策中将某种疾病认定为“重大疾病”为由请求撤销婚姻关系的肖某 1、汪某 1 撤销婚姻纠纷案[⑤]中原告就未能得到法院支持。因此，“重大疾病”的认定应当有相对严格的条件，必须在保护婚姻中受欺诈一方与将该条款扩大适用之间寻求平衡。

三、从立法目的和立法精神考量“重大疾病”可能的范围

《民法典》第 1053 条是民法意思自治原则与诚实信用原则在

---

① 湖北省蕲春县人民法院民事判决书，(2021) 鄂 1126 民初 5474 号。
② 山东省济南市中级人民法院民事判决书，(2021) 鲁 01 民终 7257 号。
③ 潘福达：《重疾险新规正式出炉　险种扩至“28 种重疾 + 3 种轻疾”》，载《北京日报》2020 年 11 月 6 日。
④ 湖北省荆门市中级人民法院民事判决书，(2021) 鄂 08 民终 772 号。
⑤ 湖北省荆门市中级人民法院民事判决书，(2021) 鄂 08 民终 772 号。

婚姻制度领域的具体体现，将婚姻的效力交由当事人自主决定，[①]旨在尊重当事人的婚姻自主权。首先，婚姻自由的本质是当事人作出是否缔结婚姻关系的意思表示应是无瑕的，而一方婚前未如实告知患有重大疾病可能会影响到另一方作出结婚的意思表示是否真实完整。其次，男女结婚组成家庭后，不仅开始了两个人的共同生活，夫妻互相依存、互相帮助、互相扶养，而且承担着养育子女的义务。如果婚前患有医学上认为不应当结婚的疾病，结婚后则可能传染给对方或者传染、遗传给下一代，不利于家庭的和睦、幸福。[②] 因此，从隐瞒重大疾病可撤销婚姻条款的创设目的看，是否构成《民法典》规定的“重大疾病”的范畴可按照该疾病是否足以影响另一方当事人决定结合的自由意志或是否对双方婚后生活造成重大影响的标准严格把握，也有待于相关部门和司法机关对该条关于“重大疾病”的范围及认定标准和程序通过立法或司法解释作出明确规定。

---

① 参见任江、邵杨琦：《隐瞒重大疾病婚姻撤销权解释论》，载《温州大学学报（社会科学版）》2022 年第 4 期。

② 参见中共中央宣传部宣传教育局、全国人大常委会法制工作委员会民法室、司法部普法与依法治理局编：《〈中华人民共和国民法典〉婚姻家庭编学习读本》，中国民主法制出版社 2021 年版，第 39 页。

问题45 精神障碍患者的配偶和父母之间对是否接患者出院回家有争议，应当如何处理？

《精神卫生法》第44条第2款、第4款分别规定了精神障碍患者的“救护性非自愿住院”和“保安性非自愿住院”的出院决定问题。“已经发生伤害自身的行为，或者有伤害自身的危险的”精神障碍患者，其出院与否由其监护人决定；“已经发生危害他人安全的行为，或者有危害他人安全的危险的”精神障碍患者的出院由医疗机构决定，医疗机构认为可以出院的，再通知患者及其监护人。这两种情形下都涉及精神障碍患者的监护人接其回家的问题。在临床实践中，往往遇到成年精神障碍患者的配偶和父母之间对是否接患者出院回家意见不一致的情况，对此应该如何处理？

一、确定精神障碍患者的监护人

当成年精神病障碍患者的配偶与父母对是否接患者回家出现意见冲突时，关键在于明确哪一方是成年精神障碍患者的监护人。《民法典》第28条规定：“无民事行为能力或者限制民事行为能力的成年人，由下列有监护能力的人按顺序担任监护人：（一）配偶；（二）父母、子女；（三）其他近亲属；（四）其他愿意担任监护人的个人或者组织，但是须经被监护人住所地的居民委员会、村民委员会或者民政部门同意。”“监护人顺位”是指“按顺序担任监护人”，即顺序在前的人担任监护人；当顺序在前的人不再担任监护人后，顺序在后的人才能按顺序担任监护人，此种监护人顺序具有强制性。[①] 故成年精神障碍患者合法结婚并拥有配偶之后，依《民法典》第28条之规定，配偶是第一顺位的监护人，父母、子女是第二顺位的监护人。如果父母认为患者配偶作为监护人不是最有利于被监护人，那么可以根据《民法典》第30条的规定由依法具有监护资格的人协议确定监护人，或者根据第31条的规定由被监护人住所地的居民委员会、村民委员会或者民政部门指定监护人或向人民法院申请指定监护人。

《精神卫生法》第83条第3款规定，该法所称精神障碍患者的监护人，是指依照民法通则（《民法典》施行后应依照《民法典》）的有关规定可以担任监护人的人。因此，如果成年精神障碍患者的配偶与父母在是否接患者出院回家的问题上出现了意见分歧和争议，根据《民法典》第30条或第31条的规定，应由具有监护资格的人协议确定或者以居民委员会、村民委员会、民政部门或人民法院指定的监护人意见为准。如果事先并未协议确定或指定监护人，根据《民法典》第28条的规定，应认为配偶的监护人顺位在先，依法应由其担任监护人，故应以患者配偶的意见为准，即由成年精神障碍患者的配偶而非其父母决定其是否出院。

二、监护人不履行监护职责的处理

如果精神病患者的配偶作为监护人没有依法履行监护职责，那么根据《民法典》第36条第1款规定，“监护人有下列情形之

① 参见最高人民法院民法典贯彻实施工作领导小组主编：《中华人民共和国民法典总则编理解与适用》（上），人民法院出版社2020年版，第176－177页。

一的，人民法院根据有关个人或者组织的申请，撤销其监护人资格，安排必要的临时监护措施，并按照最有利于被监护人的原则依法指定监护人：（一）实施严重损害被监护人身心健康的行为；（二）怠于履行监护职责，或者无法履行监护职责且拒绝将监护职责部分或者全部委托给他人，导致被监护人处于危困状态；（三）实施严重侵害被监护人合法权益的其他行为”，虽然应该由优先顺位的监护人（配偶）决定成年精神障碍患者的出院事宜，但是其他顺位的监护人仍有监督权。如果父母认为配偶的决定严重损害被监护人的利益，可以根据《民法典》第 36 条申请撤销配偶的监护人资格，以切实维护成年精神障碍患者的利益。

三、成年精神障碍患者的配偶和父母之间对是否接其回家意见不一致时的处理

遇到成年精神障碍患者的配偶和父母之间对是否接其回家意见不一致的情况，医疗机构可以要求精神病患者的配偶和父母出示其属于患者监护人的协议确认书或相关部门指定的生效文书，以确定精神病患者的监护人。如果成年精神病患者并没有依法确定或指定监护人，那么根据《民法典》的监护人顺位规定，应由患者配偶作出决定。如果精神病患者的父母并不认可其配偶的监护人身份，那么应向患者父母说明有关监护人的法律规定，并告知其父母可以由相关部门或申请法院指定患者的监护人，但是在相关部门确定或指定前，仍应按照法律规定认为配偶为患者的监护人。如果精神病患者的父母认为患者配偶作为监护人，严重损害了患者的合法权益，那么可告知其有权申请法院撤销患者现监护人资格，但在相关的生效法律文书撤销之前，仍应按照现监护人意见处理。